A ARTE
DE ACOMPANHAR

XOSÉ MANUEL DOMÍNGUEZ PRIETO

A ARTE
DE ACOMPANHAR

Dados Internacionais de Catalogação na Publicação (CIP)
(Câmara Brasileira do Livro, SP, Brasil)

Prieto, Xosé Manuel Domínguez
A arte de acompanhar / Xosé Manuel Domínguez Prieto ; tradução de
Beatriz Aratangy Berger. – 1. ed. – São Paulo : Paulinas, 2020.
265 p. (Ética & Negócios)

Bibliografia
ISBN 978-65-5808-023-7
Título original: El arte de acompanhar

1. Orientação (Psicologia) 2. Aconselhamento 3. Assessoria 4. Relações
humanas I. Título II. Berger, Beatriz Aratangy

20-2272   CDD 158.2

Índice para catálogo sistemático:
1. Acompanhamento – Relações humanas   158.2
Angélica Ilacqua – Bibliotecária – CRB-8/7057

Título original da obra: *El arte de acompañar*
© 2017, Xosé Manuel Domínguez Prieto – © 2017, PPC, Editorial y Distribuidora, SA
Impresores, 2 – Parque Empresarial Prado del Espino, 28660 Boadilla del Monte (Madrid)
ppcedit@ppc-editorial.com – www.ppc-editorial.es

1ª edição – 2021

Direção-geral:	*Flávia Reginatto*
Editores responsáveis:	*Vera Ivanise Bombonatto*
	João Décio Passos
Tradução:	*Beatriz Aratangy Berger*
Copidesque:	*Ana Cecilia Mari*
Coordenação de revisão:	*Marina Mendonça*
Revisão:	*Sandra Sinzato*
Gerente de produção:	*Felício Calegaro Neto*
Capa e diagramação:	*Tiago Filu*

Nenhuma parte desta obra poderá ser reproduzida ou transmitida
por qualquer forma e/ou quaisquer meios (eletrônico ou mecânico,
incluindo fotocópia e gravação) ou arquivada em qualquer sistema ou
banco de dados sem permissão escrita da Editora. Direitos reservados.

Paulinas
Rua Dona Inácia Uchoa, 62
04110-020 – São Paulo – SP (Brasil)
Tel.: (11) 2125-3500
http://www.paulinas.com.br – editora@paulinas.com.br
Telemarketing e SAC: 0800-7010081
© Pia Sociedade Filhas de São Paulo – São Paulo, 2021

SUMÁRIO

APRESENTAÇÃO 9

SOBRE O ACOMPANHAMENTO

1. Introdução 11

2. Acompanhar é uma arte 13

   A arte de acompanhar 13

   Estilos de acompanhamento 15

   Acompanhamento integral 16

   Para que acompanhamos? 18

   Características do acompanhante 21

3. A quem acompanhamos 23

   Quem é a pessoa 24

   Sentido e chamado: os caminhos de personalização 27

   Sentido e plenitude 28

   Abertura ao outro 30

   A pessoa a quem acompanhamos como um ser que sofre 32

4. Condições prévias para o acompanhamento 35

   Enxergar o acompanhado como pessoa 35

   Que o próprio acompanhante saiba manejar sua vulnerabilidade 37

   Empatia 38

   Aceitação incondicional 42

   Congruência 46

MÉTODO DE ACOMPANHAMENTO MOMENTOS-CHAVE

5. Estrutura de cada encontro 49

Acolhida 50

Definição do ideal e dos objetivos 50

Tomada de consciência de si e da própria situação 51

Projeto e ação 51

Revisão 52

Sessões complementares 53

6. Acolhida 55

Comunicação 57

A arte de perguntar 59

Vínculo emocional 61

Bloqueadores da relação 63

Encontro antes do início do processo 65

Criar um espaço de encontro: a aliança 67

A arte de escutar 70

7. Descobrimos as necessidades 75

Perguntas orientadas a descobrir necessidades 78

Que significado tem o que sinto? 79

Significado dos principais afetos 82

8. Descobrimos valores, ideais e, a partir disso, objetivos e metas 87

Os ideais 87

Perguntas para descobrir a situação ideal 91

Os objetivos ou desafios 93

Perguntas para concretizar os objetivos 97

Técnicas para estabelecer objetivos e desafios concretos 98

9. Mobiliza um desejo de mudança 103

Perguntas sobre a necessidade de mudança 106

O que reforça a mudança 107

10. Autoconhecimento e consciência da situação 111

Conhecimento de sua dignidade e de tudo que for positivo nele 111

Dar-se conta da situação inadequada 114

Tornar-se responsável pela própria vida 116

Feedback e confrontação para ajudar o autoconhecimento 117

Instrumentos para permitir o autoconhecimento 120

Baixa autoestima 127

Conhecimento do grau de maturidade 128

11. Cura de mágoas e infirmidades 135

Cura corporal 136

Cura emocional 139

Cura intelectiva 151

Cura biográfica 169

Despertar espiritual 173

12. Enfrentando a dor 183

O que é a dor? 183

Somos responsáveis por como enfrentamos a dor 184

Tipos de dor 185

Enfrentamento da dor evitável 186

Enfrentamento da dor inevitável 190

13. Projeto de vida 205

Elaborar um projeto: marcar objetivos 206

Elaborar um projeto: deliberar 207

Elaborar um projeto: áreas de realização 209

14. Equipamos o acompanhado com ferramentas e recursos 213

Formação do caráter 214

Inteligência afetiva 221

Resolução de problemas 226

Treinamento em habilidades sociais 228

Promoção da maturidade 237

15. A ação 245

16. Impulso, ânimo 251

17. Deixo-o ser 253

APRESENTAÇÃO

Existe algo comum na tarefa das mães, pais, professores, professores-tutores, amigos, médicos, psicólogos, psiquiatras, assistentes sociais, educadores sociais, diretores espirituais, sacerdotes, *coach*, mentores: todos acompanham pessoas.

Porém, o acompanhamento, ainda que próprio do ser humano, também é uma arte que é preciso aprender, caso se queira exercê-la com eficácia. Boa vontade não basta.

O que pretendo, nas páginas seguintes, é tentar mostrar, de modo simples e claro, o caminho comum a todo tipo de acompanhamento, independentemente de ser terapêutico, educativo, parental, espiritual, dietético ou desportivo. Todos têm alguma coisa em comum: significam um caminho de encontro entre pessoas, de modo que uma acompanha a outra (ou várias outras) no caminho de sua vida.

Nosso único objetivo é oferecer, a quem tenha vocação em acompanhar pessoas, chaves, instrumentos e um método que lhe permita fazer sua tarefa da melhor maneira possível. Não pretendemos oferecer um livro de terapia, nem de *coaching*, nem de *counseling*, embora aqui se encontre de tudo. Na realidade, nossa perspectiva é mais ampla e ambiciosa do que *coaching*, *counseling* e terapia, pois propomos um método que sirva para todo tipo de acompanhamento, e isso é feito com base antropológica personalista. Nossa proposta, no entanto, é mais modesta, pois queremos somente oferecer as primeiras pistas que deem precisão e tranquilidade a quem já exerce, ou quer exercer, a arte de acompanhar.

Estas páginas, enfim, cristalizam anos de prática no acompanhamento de pessoas, famílias, grupos, e coletam conhecimentos ordenados procedentes da antropologia, psicologia, *coaching*, acompanhamento espiritual. Por outro lado, mencionarei o motivo que me fez ativar o gatilho para a escrita deste livro. Em primeiro lugar, o convite do Papa Francisco em *Amoris laetitia* para que sejamos peritos na arte de acompanhar. Penso que, de maneira simples, ele encontrou uma das prioridades e um dos elementos essenciais para este período da história. Em segundo lugar, tudo o que foi experimentado e aprendido no primeiro mestrado em *coaching* familiar universitário, pelo Instituto da Família de Ourense (www.institutodafamilia.es) e com o aval da Universidade Francisco de Vitória, instituição especialmente sensível à importância do acompanhamento na educação. Esse mestrado, assim como outras atividades de acompanhamento promovidas pelo Instituto da Família, tem enriquecido o conteúdo destas páginas. Por último, mas não menos importante, a experiência de acompanhamento de adolescentes, jovens, adultos, idosos, casais, matrimônios, famílias, comunidades e equipes docentes, nos mostrou a utilidade de escrever estas páginas.

Só nos falta assinalar os símbolos que empregamos para os diversos textos complementares:

Texto do autor: 📖

Parábola: ✏️

Pare para pensar: ✋

Ferramenta prática: ⚡

Entrando em detalhes: 🔍

SOBRE O ACOMPANHAMENTO

1. Introdução

Acompanhar o outro é um ato de amor. Por isso acaba sendo uma tarefa natural ao ser humano, posto que todos são dos outros, com os outros e para os outros. Uma vez que somos comunitários, somos acompanhados e acompanhantes naturais. Não são as muitas tecnologias, nem os muitos objetos acumulados, nem o currículo adquirido, nem o pensar muito, que nos fazem existir. É preciso descartar Descartes. A verdade mais profunda do ser humano é esta: "Sou amado, logo existo". E uma das formas de amor, isto é, de tratar uma pessoa como tal, é acompanhá-la no caminho de sua vida.

2. Acompanhar é uma arte

A arte de acompanhar

✋ Acompanhar uma pessoa (ou um conjunto de pessoas) é uma arte, ou seja, é saber fazer. Por isso, é preciso aprender e praticar. Só então, como toda arte, pode-se tentar ensinar. Mas somente quem conhece o método ou o caminho usado por aqueles que já são experientes em acompanhamento é que irá aprender. Essa arte é natural à pessoa, pois consiste na arte de caminhar junto aos outros de modo que nossa presença seja proveitosa para eles. Que características há na arte de acompanhar?

✋ Esse saber fazer consiste em uma *atividade de doação, isto é, em doar-se*. E o que é doado, acima de tudo, é a própria pessoa que acompanha. Não se trata, portanto, de uma atividade técnica, de aplicar um conjunto de protocolos de atuação ou de procedimentos ou ferramentas: consiste em uma atividade em que quem acompanha doa-se ao acompanhado.

Portanto, a coisa mais importante que se pode dar ao outro não é seu conhecimento psicológico, sua experiência, as técnicas aprendidas, mas, sim, a si mesmo. Quanto mais qualidade e amadurecimento o acompanhante tiver, melhor será o acompanhamento. Ter boa disposição e ser uma pessoa de muitos quilates não basta: a formação e experiência fazem falta. Mas o substrato básico do acompanhamento está no *doar-se* por parte de quem acompanha, no trabalho que realiza e no encontro com o acompanhado.

🖐 O acompanhamento também é uma *relação de encontro* entre pessoas, assimétrica, contínua e parcialmente estruturada, em que um ajuda, habilita e orienta o outro em seu caminho de crescimento pessoal. Para isso, o acompanhante cria espaços de apoio, impulso e possibilidade para o acompanhado.

O centro desse encontro é sempre o acompanhado, sua pessoa, sua plenitude, e não o acompanhante nem as técnicas ou os procedimentos.

🖐 Acompanhar é *caminhar junto ao outro*, fazer-se presente através do encontro, porém, sem invasão, criando confiança e segurança. Acompanhar é *criar espaço* ao outro através da escuta ativa e plenamente conectada com o outro, através da linguagem verbal e não verbal. Acompanhar, portanto, é ser o contexto em que o acompanhado possa crescer como pessoa.

Acompanho, enfim, com a presença e a palavra, mostrando ao outro que sua vida tem um valor infinito, que sua vida vale a pena e que nada do que se vive ou se viveu é inútil.

Acompanhar pressupõe saber ouvir e saber perguntar para que o acompanhado se conheça melhor, conheça sua situação, descubra seus objetivos, as possibilidades que aparecem ou que podem ser criadas e as mudanças que precisam ser introduzidas em sua vida para que possa confrontar-se com suas incongruências. Trata-se, enfim, de uma tomada de consciência de sua vida e suas possibilidades.

Estilos de acompanhamento

Acompanhar pode ser feito de muitas maneiras. Geralmente se fala de acompanhamento *centrado no problema ou acompanhamento centrado na pessoa.*

– No *acompanhamento centrado no problema*, o acompanhante concentra-se na própria situação, deixando de lado os aspectos subjetivos e vivenciais, isto é, como a pessoa vive, sua emotividade, o papel do problema em sua vida...

– No *acompanhamento centrado na pessoa* leva-se em conta a pessoa em sua totalidade, o modo como vive, seus valores, sentimentos, objetivos, ideais: a questão é abordada a partir daí. Busca-se, sobretudo, o crescimento pessoal, a cura, a tranquilidade, a acolhida.

De nossa parte, optamos pelo acompanhamento da pessoa, embora, em algum momento do processo, tenhamos que intervir para resolver uma questão específica com inteligência cuidadosa.

Ao mesmo tempo, dependendo da atitude do acompanhante, temos dois outros estilos: *diretivo ou facilitador.*

– No *estilo diretivo*, a pessoa diz ao outro o que ele tem que fazer, há uma imposição, como especialista, em função de seu papel. Leva a pessoa por uma determinada direção. Conselhos, persuasão, soluções concretas, correção, são utilizados, mas poderia levar à manipulação, à chantagem, ao julgamento moralizante.

– No *estilo facilitador*, o acompanhante recorre às capacidades do acompanhado, a seus recursos, sua responsabilidade, para que busque alternativas. Será ouvido e o objetivo é que seja responsável por seu crescimento.

De nossa parte, preferimos o estilo facilitador como base, mesmo que em algum momento seja preciso intervir diretivamente para ajudar a pessoa a aprofundar e passar do imediato ao profundo.

Quando um estilo predomina, não quer dizer que não seja funcional usar outros em algum momento. Por exemplo, nos momentos de bloqueio emocional por parte do acompanhado ou de cegueira extrema, podem ser feitas sugestões diretivas.

🔎 Acompanhar, portanto, não será meramente uma atividade de diálogo, mas, às vezes, será apropriado oferecer ferramentas, conhecimentos, sugestões que permitirão ao acompanhado realizar novos desafios. Nem tudo o que o acompanhado precisa para o seu desenvolvimento já estará presente nele. Pelo contrário, pode apresentar deficiências significativas que, uma vez descobertas, ele precisará de ajuda para resolvê-las. Inclusive, acompanhar significa, às vezes, curar as feridas no acompanhado, e outras animá-lo, apoiá-lo, mostrar confiança...

Em todo caso, não se pode perder de vista que o principal especialista na vida e nas possibilidades do acompanhado é ele mesmo, e que será ele quem terá que pescar o próprio peixe. Quem pode escrever melhor a biografia de Luis Fernández Pérez é um certo Luis Fernández Pérez.

Acompanhamento integral

O acompanhamento que pretendemos precisa ser integral, isto é, a pessoa integrada a todas as suas dimensões. Isso implica:

– *Dimensão corporal*, de modo que o corpo esteja integrado à pessoa, O corpo permite a expressão da pessoa e a aproximação à pessoa.

– *Dimensão intelectual*, de modo que a pessoa pense e raciocine corretamente sobre o que lhe preocupa.

– *Dimensão afetiva*, de modo que a afetividade seja aquilo que o abra para a realidade e o impulsione, e não uma fonte de sofrimento e de ofuscação.

– *Dimensão volitiva*, de modo que sua vontade, fortalecida, permita que ele decida e perceba quem é chamado a ser.

– *Dimensão relacional e comunitária*. A pessoa, atuando, faz a sua vida. E, caso queira mudar, isso sempre se dá através do compromisso onde estejam seus valores. Valores reais são aqueles com os quais me realizo. O delírio ou devaneio são formas patogênicas, escape da realidade, como ocorre nos espiritualismos, intelectualismos, sentimentalismos, hedonismos.

– *Dimensão espiritual*. Acompanhamento no âmbito das grandes perguntas, do sentido da vida, dos valores, dos grandes amores e esperanças.

– *Dimensão biográfica*, porque a pessoa é um ser que se faz com sua história. Por isso terá que levar em conta suas opiniões, seus fracassos, contextos pessoais, educativos, relacionais.

✎ Antônio tem 52 anos, casado e com dois filhos, com trabalho estável que não o satisfaz (porque não foi para exercer essa atividade que ele estudou e pelo baixo salário), que assinala que tem episódios recorrentes de tristeza, cansaço permanente, dificuldades para dormir à noite toda, alguns problemas no trabalho e perda de gosto pelas coisas do cotidiano. Conta que sua esposa, que no início se mostrava atenta para apoiá-lo nos momentos em que estava para baixo, passou a acusá-lo de ser sempre negativo, e, posteriormente, foi se distanciando e terminou por seguir com a própria vida: seu esporte, seu trabalho, suas amigas... Ele diz que ultimamente também perdeu o apetite, deixou de ver os amigos e afirma reiteradamente que sente que "não vale nada". Inclusive, no trabalho, *já chamaram sua atenção várias vezes pelas distrações e baixo rendimento. Decidiu ir ao médico, que confirmou o diagnóstico de "depressão" e lhe propôs que tomasse fluoxetina (um antidepressivo). Em dois meses,* começou a se achar melhor, mas, um pouco depois, teve outra recaída, e o médico optou por diminuir a fluoxetina e introduzir a paroxetina, para ver se seria melhor.

Essa situação, que se repete uma ou outra vez na vida prática, mostra algo essencial: a tendência generalizada a reduzir a "solução" dos problemas pessoais à mera terapia farmacológica. Entretanto, os psicofármacos, como sabemos bem, reduzem os sintomas, mas não curam. Uma pessoa como Antônio precisa muito mais do que fluoxetina ou paroxetina: a cura emocional, a reconstrução de suas relações familiares e pessoais, ajuda para compreender-se melhor, para que seus pensamentos sejam mais adequados, um apoio pessoal que lhe permita descobrir algum sentido para sua vida, que o anime a prosseguir, retomar a autoria de sua própria história. Antônio necessita de um acompanhamento pessoal e, também, psicológico.

Para que acompanhamos?

O acompanhante tem a missão de criar o contexto para que:

– O acompanhado *cresça e amadureça* como pessoa (tanto ele pessoalmente como sua comunidade).

– O acompanhado *enfrente sua vida*, e isso significa aceitar que as coisas são como são, que vive com as pessoas com quem vive, que são como são, e que ele mesmo é como é. Se a realidade das coisas não for vista e aceita, não há nenhuma forma de iniciar um processo realista de mudança. Muitas vezes, a aceitação do inevitável não faz nenhuma mudança desnecessária.

– O acompanhado reconheça *as desculpas* e estratégias de autoincapacitação que operam em sua vida, de modo que, onde antes dizia "não posso", reconheça que queria dizer "não quero". Toda desculpa ou fuga impede o crescimento pessoal e a maturidade. Portanto, a pessoa precisa enfrentar sua vida. Precisa abraçar aquilo que queria evitar.

– O acompanhado desenvolva o máximo de *responsabilidade e criatividade* por sua vida pessoal e comunitária. E também, quanto a seus problemas, a pessoa precisa assumir sua responsabilidade. Ainda que não a tenha, não totalmente, diante dos problemas, precisa ter atitude e encontrar resposta para eles.

– O acompanhado seja capaz de sair de si *e de assumir compromissos* com outras pessoas e com tudo que seja valioso. Cada apelo para que seja uma pessoa, e para o que seja pelos próprios caminhos, deve ser encarado como compromisso e este como ações concretas. Quando esses compromissos e essas ações não existem, a vida da pessoa fica esterilizada.

– O acompanhado possa *compreender melhor sua própria situação*, se for capaz, de certo modo, de observar de fora suas dificuldades, de perceber que é maior que seus problemas e que pode lidar com eles. Essa tomada de distância com respeito a si é o que permite ao acompanhado ver os problemas de outro modo, realizar adequadamente a compreensão de sua vida sob outra perspectiva, em outras categorias. Porém, o que importa não é a busca do *porquê* da situação ou dos sintomas, e sim o *para quê*, a causa final do que ocorre. Diante de uma longa tradição, de base psicanalítica, que supõe que o reviver ou retomar ao passado significa sua sutura e superação, cremos que isso nunca levou a verdadeiras mudanças e que, além disso, pode solidificar o passado, parecendo uma condenação para o futuro; pelo contrário, a chave para a pessoa está no horizonte axiológico e no sentido em que é direcionada.

– *O acompanhado possa estabelecer novas e mais saudáveis experiências afetivas*, graças ao clima de empatia, aceitação incondicional e calor que se dá na relação de acompanhamento. Assim, melhores relações poderão ser estabelecidas com aqueles que o acompanham.

– O acompanhado *proponha-se a mudar*, para ir de onde está até onde é chamado a estar, onde ele descobre que quer ir.

– O acompanhado possa estabelecer um projeto de vida no qual são estabelecidas especificamente as etapas a serem seguidas nesse caminho.

– O acompanhado enfrente *a tomada de decisões apoiado em valores e ideais, e, posteriormente, possa articulá-la em projetos de vida construtivos.*

– *O acompanhado possa adquirir novas competências, isto é, hábitos de comportamento construtivos* (quer dizer, o que a filosofia tradicional chamava de "virtudes" e a psicologia atual, de "competências"). Esse tipo de comportamento servirá para confrontar justo aqueles problemas que tinha, buscando novas soluções práticas. Desse modo, o acompanhamento pode se converter em um fortalecedor ou reconstrutor do caráter da pessoa. Ao melhorar suas competências, a pessoa sente-se mais dona de si, dispõe mais de si, consegue mais autocontrole, eficácia e, consequentemente, a percepção de sua autoeficácia. Se a pessoa toma as rédeas de sua vida, amadurece.

– O acompanhado possa descobrir ou recuperar seu sentido existencial e seu horizonte de valores objetivos e ser capaz de orientar sua vida a partir deles.

Características do acompanhante

Embora acompanhar seja uma tarefa que toda pessoa pode fazer e que é inato ao ser humano, nem toda pessoa é igualmente idônea para um acompanhamento "de qualidade", tal e como o apresentamos aqui. É preciso contar com certas características, atitudes e conhecimentos que a habilitem para um acompanhamento eficaz.

A pessoa que acompanha precisa ter um grau razoável de maturidade, equilíbrio emocional, autoconhecimento e autoaceitação, autoestima positiva, que lhe permita aceitar as contrariedades e asperezas do encontro, sem fracassar no processo. Portanto, trata-se de uma pessoa emocionalmente estável, que vive de um sentido existencial e é capaz de deixar de ser o centro das atenções, para participar e se comprometer com a vida dos outros. Para isso, é preciso ter paz interior, saber discernir e ter momentos de silêncio em que possa se acalmar e conseguir ver seu próprio rosto e o rosto do outro. Com muito barulho interno, o acompanhamento não é possível.

Para isso, ele deve ter sido acompanhado e ter uma certa jornada existencial que permita ampla perspectiva das diferentes idades da vida. Portanto, um simples diploma em Psicologia ou um certificado em *coaching*, por si só, não o qualificam a acompanhar alguém, se não existe, além disso, o calor humano, a maturidade e a capacidade de descentralização para atender o outro.

Às vezes, inclusive um grau clínico pode ser um obstáculo para o acompanhamento, pela tendência em aplicar os "rótulos nosológicos" (depressão, distimia, fobia, psicose, TOC, TAG etc.) como se definissem a pessoa, identificando-a por sua disfunção. Quem acompanha, olha a pessoa como pessoa e não como caso, olha o outro como alguém com quem está viajando e não como um problema. Dá-se conta de que as pessoas são maiores que suas circunstâncias ou condições.

Quem acompanha precisa contar com certas características naturais que sempre podem ser melhoradas, como empatia, interesse pelas pessoas, confiança em si mesmo, paciência, humor, capacidade de cooperação e estar disposto a uma aprendizagem contínua (pois, para acompanhar bem, não basta a boa vontade: há muito para estudar e aprender).

Por último, a respeito do acompanhado, necessita ter certas atitudes: confiança em si mesmo, assertividade, habilidades comunicativas, escrúpulos, tolerância com a diversidade de opiniões, misericórdia com as deficiências do acompanhado, acolher sem julgar, prudência e bom senso.

3. A quem acompanhamos

Acompanhamos sempre uma pessoa real, não um caso. Acompanhamos Hugo, Paula, Fernando, Luís, Maria e João e José, não um caso de depressão, um caso de ansiedade ou um caso de conflito matrimonial próximo à separação. A coisificação (mediante "rótulos") do acompanhado é um dos grandes obstáculos para um acompanhamento pessoal. O acompanhado não é um emissor de comportamentos disfuncionais ou inadaptados, não é um caso, não é um suporte de traumas e impulsos, não está reduzido a comportamentos, a pensamentos, a um temperamento ou a uma história.

🖐 A pessoa a quem acompanhamos é, antes de tudo, um ser com dignidade, livre, responsável, chamado para realizar sua vida, pessoal e comunitária, por uma vocação específica e plena. E não é só "uma pessoa", e sim "essa pessoa real", com seu corpo, sua idade, seu lugar, sua história, sua identidade, seus medos e suas fragilidades, com suas genialidades e obras.

Por ser pessoa concreta, precisa realizar sua vida, entender sua limitação e, além disso, saber que está com dificuldades. Ser pessoa é, sempre, ser pessoa frágil, estar incompleta, prematura, não acabada. Portanto, submete-se a sofrimento em seu processo de crescimento pessoal. Por isso, necessita ser acompanhada.

Quem é a pessoa

Acompanhar não é um processo mecânico, e sim de encontro pessoal. Não se trata de aplicar procedimentos e técnicas a algo, e sim de estar em um processo de encontro com uma pessoa. Portanto, temos que ter consciência, antes de tudo, de quem é aquele a quem acompanhamos: uma pessoa.

A pessoa é aquele ser que não é nem pode ser tratado como coisa.

A tentação mais frequente na hora de descrever quem é uma pessoa, é reduzi-la a uma de suas dimensões: corpo, psique, dimensão social. Mas, assim, a coisificamos. E, coisificada, a pessoa torna-se gerenciável, manipulável e descartável. Entretanto, no acompanhamento adequado evita-se toda forma de coisificação, pois trata-se de uma relação de respeito pessoal que parte da tomada de consciência da absoluta dignidade do acompanhado.

A *dignidade da pessoa*, isto é, a qualidade pela qual cada pessoa vale por si mesma, e seu valor são infinitos, são uma experiência fundamental que começa na intuição de que a pessoa é o oposto de uma coisa, de que não é um "quê", e sim um "quem". Portanto, a pessoa é aquela realidade que *não pode ser tratada como objeto*, que não deve ser utilizada, rotulada. A pessoa tem valor por si mesma, independentemente de sexo, raça, riqueza, inteligência, qualificação acadêmica ou trabalhista, sucesso econômico. E quem acompanha, assim como o acompanhado, precisa saber disso.

Em face das coisas que são pura exterioridade, a pessoa é exterioridade e interioridade.

Essa interioridade é o que permite que a pessoa tenha consciência de si mesma, ou seja, permite que possa dizer "eu", "me". "mim". E esse interior, por outro lado, tem uma dimensão psíquica: a pessoa é inteligente (capta a realidade), é afetuosa (é afetada pela realidade que se faz presente) e é volente (quer dizer, tem capacidade de querer ou não o que o intelecto lhe apresenta). Mas, em segundo lugar, a pessoa tem mais profundidade, porque há um nível mais profundo que dá unidade à pessoa e a define como tal: é a dimensão espiritual.

Dessa dimensão, a pessoa adquire sua própria identidade, pois é ela que define seus amores, esperanças e convicções. Essa dimensão permite explicar que *não somos simplesmente o que somos*, quer dizer, o conjunto de nossas qualidades naturais ou adquiridas, e sim que a pessoa melhor se define *pelo que está chamada a ser*. Cada pessoa, colocando em jogo suas qualidades, pode ir descobrindo seu próprio caminho, pode dar-se conta de que quer exercitar o que descobre como *essencial dela mesma*. E essa chamada a viver de determinada forma, para pôr em prática certa maneira de ser em resposta a uma inclinação, é o que pode ser chamado de *vocação ou (chamada pessoal)* (que vai muito além do profissional).

A pessoa é corporal, é psíquica e é espiritual. Juntas, essas dimensões formam um sistema, de modo que cada uma delas afete e defina a totalidade.

Por isso, podemos dizer que a pessoa não tem corpo, mas sim que é corporal. E as características do corpo – sexo, idade, força etc. – afetam a totalidade. O pensamento é todo sexuado e, também, a afetividade. Mesmo assim, a inteligência é afetuosa (capta calorosamente a realidade) e mediada corporalmente. Quer dizer, cada detalhe característico da pessoa é o detalhe de todas as outras, afetando a todas e definindo-se fisicamente em função das demais.

A dimensão *espiritual é aquela que "personaliza" a unidade psicossomática* na qual a pessoa é, o que torna o corpo e a psique pessoais. Embora a pessoa não seria tal sem seu corpo e sem seu psiquismo, ela tem capacidade de atuar sobre eles. Essa capacidade é o autotranscendimento. A pessoa, enquanto espiritual, está sempre se posicionando diante de si mesma, é dona de sua vida, de seu corpo e de seu psiquismo, mostrando, assim, o poder que exerce sobre seus condicionamentos psicofísicos. A pessoa é tal por ser dela.

A pessoa é um ser inacabado e tem que realizar sua própria vida.

De fato, a pessoa tem outra característica que é fundamental ser levada em conta na hora do acompanhamento: *a pessoa é um ser inacabado e tem como tarefa fazer sua própria vida.* E, como tem consciência de si, pode projetar quem quer ser, pode escolher entre as possibilidades para ser de um ou outro modo. A pessoa é livre e, por isso, o perfil de sua vida, a ser adquirido, depende dela. Cada um de nós esculpe sua própria estátua: esta é nossa responsabilidade. A pessoa é chamada a ser autora de sua vida. Deixar por conta dos outros ou renunciar a essa autoria é sinal de imaturidade ou de bloqueio pessoal.

No entanto, o fato de termos que fazer nossa própria vida não significa que somos autossuficientes para essa tarefa. Toda pessoa, para construir sua própria figura, sua própria biografia, precisa apoiar-se nos outros. Ao contrário das coisas, que são realidades fechadas em si mesmas, a pessoa é uma realidade aberta. E não apenas aberta, mas orientada para outras pessoas. Estar aberta aos outros significa que somos em relação com outros. Mas essa relação com os outros, que é essencial à pessoa, não se reduz a "ser com os outros". Implica, também, "ser dos outros" e "ser para os outros".

Sentido e chamado: os caminhos de personalização

O acompanhamento consiste em caminhar ao lado do outro, para que se possa estar disposto a fazer sua própria vida a partir da descoberta do seu sentido existencial e daquilo a que foi chamado.

A atividade de qualquer pessoa, em seu conjunto, vai além de seus impulsos ou motivos, responde a um sentido e a um chamado.

O chamado é o único caminho pelo qual cada pessoa é convidada a dirigir-se até sua plenitude.

É por isso que a vocação pessoal é uma fonte de significado, orientando a biografia pessoal, pois é com ela que a pessoa se descobre como alguém que está sendo chamado para além de simplesmente se manter na existência: descobre-se chamada a atualizar e aperfeiçoar tudo o que é.

Descobrir esse chamado é descobrir a promessa de uma nova vida. O modo concreto pelo qual descobre que pode ir se aperfeiçoando, constitui a lei de seu trabalho. A vocação é a maneira concreta na qual a pessoa precisa percorrer o caminho de sua vida. Essa vocação é experimentada como aspiração, como orientação pessoal. Desse modo, a pessoa só se desenvolve com a tomada de consciência de sua vocação e do compromisso para com ela. A vocação é, portanto, fonte de significado para orientar a vida pessoal.

O chamado constitui o acontecimento do que brota da própria identidade. Todo acompanhamento deve levar, direta ou indiretamente, a apresentar à pessoa indicações de que ela é chamada a algo mais do que viver o dia a dia, a descobrir que tem um caminho pessoal a percorrer, que sua vida é única e que ela tem uma missão, um rosto próprio. Portanto, ao descobrir que sua vida tem um sentido único, a pessoa energiza sua vida respondendo a esse chamado.

Sentido e plenitude

A vida de uma pessoa e cada circunstância nela contida *têm um sentido*, têm sempre um *para quê* que pode ser descoberto. Viver tendo consciência do sentido daquilo que acontece, é viver iluminado, com luz, energizado. Quando a pessoa descobre que seu trabalho tem sentido, seu amor tem sentido, suas dificuldades têm sentido, suas crises têm sentido e sua vida inteira tem sentido; dessa forma sua vida muda radicalmente.

É preciso que se leve em conta que o sentido do qual falamos agora não é a lógica interna que tem cada atividade que fazemos, o porquê de cada ação, mas sim um sentido global, pessoal, mas não subjetivo, quer dizer, não depende da imaginação, ou da vontade, ou da inteligência pessoal. Não se inventa, e, sim, se descobre.

✍ Onde podemos encontrar esse sentido? Esse sentido pode ser encontrado quando se coloca em jogo as próprias habilidades, através de eventos significativos (especialmente os dolorosos) e mediante a experiência comunitária (as outras pessoas, importantes para nós, fazem com que suas presenças ressoem para onde sou chamado).

Esse sentido manifesta-se em duas esferas: objetiva e subjetiva.

– Objetivamente se mostra à pessoa um conjunto de valores, isto é, de coisas (ações, pessoas, decisões, atitudes) que se apresentam como importantes e que, portanto, nos chamam, apelam a nós. O valioso é uma fonte de significados à medida que é realizado, levado a cabo.

– Subjetivamente, esses valores postos em relação com a própria vida são os que mostram à pessoa seu próprio chamado.

Assim, todos podemos descobrir que a justiça é objetivamente importante, e isso oferece um caminho para as nossas ações. Mas alguém, subjetivamente, pode descobrir que a realização do valor da beleza em forma de arte musical é seu próprio caminho.

A pessoa atua como tal quando responde com a ação àquilo que se apresenta como valioso, como tendo significado. Também dessa maneira constrói sua própria vida. A pessoa descobre seu sentido na resposta a seu chamado e ao que tem valor.

Mas essa realização do significado tem um horizonte para o qual é direcionado: a plenitude. Em todas as pessoas, constatamos que há um desejo de ir além, de "doar-se", uma aspiração a existir em plenitude ou vontade de ser. Esse desejo é um desejo além de todos os desejos particulares, dos desejos naturais e daqueles promovidos socialmente. É um desejo de ir além de si mesmas e sobrepujar-se. O que a pessoa busca sempre é a plenitude, unificar e equilibrar todas as suas dimensões: corporal, intelectual, afetiva e volitiva.

  ✥ A pessoa está pronta para o absoluto, e não descansará até que descanse no absoluto.

Se esse caminho para a plenitude não for alcançado, ela procurará substitutos em ter, nas experiências hedonistas, em buscar sucesso, poder... Mas estará sempre insatisfeita.

Abertura ao outro

A pessoa, conscientemente, se dá conta da realidade: se dá conta de si mesma, da realidade física e das outras pessoas. É capaz de sair de si e dar-se conta de que existem realidades diante dela.

> ✋ Como, para realizar a sua vida, a pessoa não é autossuficiente, ela descobre que precisa apoiar-se na realidade e, sobretudo, nas outras pessoas. Para ela, cada "eu" é sempre a respeito de um "você". Esse fato é o que estabelece o evento central da vida de todos: o encontro com outra pessoa. Somos pessoas graças ao que somos a partir de outras pessoas, com outras pessoas, e vivemos para outras pessoas.

No entanto, nem todo encontro com os demais é um acontecimento personalizante. Depende de como o outro é tratado. Existem várias possibilidades:

– Tratá-lo como uma coisa, ou seja, como um meio ou instrumento para muitos fins. Se o vínculo com o outro é *coisificante,* a relação que estabelecemos é uma relação mecânica e alienante, que esmaga sua dignidade. O resultado de tratar assim as outras pessoas é a constituição de mera *massa humana.*

– Tratá-lo como sócio, colaborando com ele em função de uma necessidade e da relação que desempenha (como condutor, colega de trabalho, chefe, professor), mas tratando de modo impessoal, sem se importar com essa pessoa. Se esse vínculo com o outro é produzido, a relação que se estabelece é de associação, e o resultado é formar uma *sociedade*.

– Tratá-lo como pessoa, como fim em si mesmo, por sua dignidade pessoal, como alguém único e valioso por si, a quem acolho e a quem me doo para que seja quem está chamado a ser. Se a vinculação ao outro é pessoal, a relação que se estabelece é *comunitária*, e o resultado, uma *comunidade*. Somente nesse caso a relação com os outros dá lugar a um autêntico encontro em que cada um é impulso para o outro, ponto de apoio e fonte de possibilidades.

O acompanhamento, e em geral todo crescimento da pessoa, ocorre através do *encontro*, porque é um acontecimento que afeta o mais profundo da pessoa. O encontro consiste em fazerem-se presentes duas pessoas, uma diante da outra, conscientemente, de modo que cada uma acolha a outra tal qual é e doe-se a ela como pessoa. No encontro, cada uma é para a outra um chamariz que a descentra e a chama, para que sua vida se torne uma resposta à outra pessoa.

O encontro ocorre mediante o *diálogo*.

O diálogo é a realização da abertura interpessoal. Através do diálogo, uma pessoa expõe-se à outra, comunica-se com ela, realizando certa forma de comunhão. Para que haja diálogo, os que ali estão precisam ser capazes de certas ações pessoais (mas no acompanhamento, de modo especial, quem acompanha precisa procurar o diálogo):

– *Sair de si*, de seus esquemas conceituais prévios sobre o outro.

– Colocar-se no lugar do outro.

– Escutar o outro e deixar-se interpelar por ele.

– Responder ao outro, considerando sua situação e sua pessoa como aquilo que importa.

A pessoa a quem acompanhamos como um ser que sofre

Todas as pessoas necessitam ser acompanhadas. Mas algumas se dão conta e pedem para alguém as acompanhar, pois descobrem que experimentam algum tipo de dificuldade ou mal-estar que as faz desejar mudança e um ponto de apoio.

Esse mal-estar às vezes é expresso em forma verbal, em forma de sintomas corporais e psíquicos – insônia, ansiedade, amnésia, raiva, falta de concentração, tristeza, excitação, que são vividos afetivamente de modo desagradável. Outras formas de esse mal--estar se manifestar é na experiência de conflitos, de problemas de comunicação ou de comportamento que elas mesmas sentem que não conseguem superar e os percebem como inadequados e que as fazem sofrer.

O que experimentam, de modo consciente ou inconsciente, é uma diminuição de suas capacidades, ou de seu crescimento, ou de sua vida em sociedade. Descobrem limites, frustrações, sofrimentos, dificuldades consigo mesmas ou com os demais.

Pedir ajuda, nesses casos, é um ato profundamente humano, mas sempre implica, por parte da pessoa, o reconhecimento de sua falibilidade, fracasso, limitação e impotência, que é precisamente a condição para o crescimento pessoal.

Saber pedir ajuda é condição para a cura e o crescimento. A autodeificação, o manter-se à custa do que fora sua própria imagem, acreditar-se forte... é um engano que impede o crescimento e que, finalmente, a realidade sempre acaba negando através da dor, do erro e da frustração.

Certamente, o reconhecimento da própria limitação não está em desacordo com o conhecimento dos próprios potenciais e capacidades, das forças e talentos como base de um crescimento pessoal. A pessoa tem suas potencialidades, mas não consegue tudo. A tomada de consciência dos limites é condição para a cura e o crescimento pessoal.

4. Condições prévias para o acompanhamento

Enxergar o acompanhado como pessoa

Acompanhar exige olhar o outro como pessoa concreta, ou seja, perceber sua dignidade, seu mistério e sua exclusividade. Não estou diante "de um caso", e sim diante de uma pessoa que é única, maior que seus problemas e situações, com dignidade pessoal, nome e rosto próprios. Diante dela, devo sentir admiração, reverência e espanto.

Por essa mesma razão, diante do acompanhado não posso ter uma atitude de indiferença, de observação – como se fosse um "caso" –, e sim me deixar afetar por ele, de me envolver com ele, de pessoa para pessoa. Preciso mostrar a ele que lamento o que o aflige e que estou feliz pelo que o faz feliz. Por mais acolhedor que eu seja, não posso ficar sorrindo no momento em que ele está me contando como ainda sente a morte de sua mãe, nem ficar sério no momento em que conta as maravilhas que seu filhinho faz.

O acompanhante, olhando para o outro como pessoa, é como o suporte e apoio que ajudarão o acompanhado a recuperar sua vida, tomar as rédeas e amadurecer ou sarar. Por isso, nesse encontro, o mais importante não são as técnicas, as perguntas e o calor da relação com o acompanhado.

O que o acompanhado precisa não são meus títulos, minhas técnicas, e sim uma pessoa que o acompanhe, que o segure, que ofereça a ele luzes ou que o faça despertar as suas. A chave não está em seguir o protocolo de um que atua como "paciente" e de outro que atua como "terapeuta", e sim na possibilidade do encontro entre as duas pessoas: uma que acompanha e outra que é acompanhada.

Tratar o acompanhado como pessoa supõe abrir-me a ele e aceitá-lo tal como é.

– *Aceitar o outro* pressupõe que o trato como pessoa (e não o considero um instrumento, uma coisa) (ou por sua função ou pelo seu papel).

– *Aceitar significa* também que o acolho por ser essa pessoa, isto é, não de forma impessoal, como se fosse um indivíduo qualquer ou como um ser afetado por um motivo ou outro, e sim como alguém real, com seu rosto real, que está presente na minha vida, que está ali naquele momento.

– *Aceitar o outro* também significa *compreendê-lo* enquanto pessoa, compreender que é alguém diferente de mim, que é alguém exclusivo em algumas circunstâncias exclusivas. Portanto, aceitar o outro é entendê-lo em sua totalidade pessoal, sem reduzi-lo a nenhum de seus elementos psíquicos, corporais ou sociais. Trata-se, então, de descobrir que é um mistério inesgotável, não rotulável. Simpatizando com ele, descentralizando-me dele, expondo-me a ele, colocando-me à sua disposição, é como posso intui-lo como pessoa.

– *Aceitar o outro é*, além disso, *afirmá-lo*, torná-lo firme, consolidá-lo em seu ser pessoal. Não é apenas ter diante dele uma atitude de compreensão e respeito por sua pessoa, e sim agir ante ele considerando-o pessoa, afirmando, com meu comportamento, sua dignidade e identidade pessoais, fazê-lo ver, pelas minhas atitudes para com ele, que ele me importa como pessoa. Por isso, aceitar o outro é *chamá-lo pelo nome*, que é o reconhecimento de sua exclusividade, de sua singularidade inesgotável nos adjetivos ou nas categorias. É reconhecê-lo como um *você*. É acolhê-lo como alguém digno. Chamar pelo nome, olhar nos olhos, atender o outro quando este se expressa, são mostras de que o outro nos importa como pessoa. Chamar o outro pelo seu número (como acontece durante algumas aulas, nas cadeias...) é não considerá-lo como um *você* real, e sim *como um a mais*, como *um qualquer*, como um número com máscara humana. E esse mesmo efeito acontece ao falar com os outros sem olhar para eles: nesse caso, algo foi dito, mas não foi dito para alguém.

Que o próprio acompanhante saiba manejar sua vulnerabilidade

Ter acesso ao mundo interior do outro também remove nossas próprias feridas. Acompanhar exige, por parte do acompanhante, humildade de reconhecer as próprias mágoas, a própria finitude, os próprios erros e imaturidades, os sintomas neuróticos e as próprias limitações. Trata-se, portanto, de se reconhecer no caminho, precisando de cura e crescimento, precisando de acompanhamento. Isso exige um certo grau de maturidade. Se há maturidade, o acompanhamento das mágoas do outro reverte em sua própria cura.

Empatia

✏️ No último ensaio do coro da catedral, um carpinteiro chegou para consertar o piso de madeira, começando a dar muitas marteladas que produziam um grande estrondo. Diante de tal ruído, o maestro parou a música que interpretavam e ficou olhando o trabalhador. Quando este se deu conta, disse alegremente ao diretor: "Por mim não precisa interromper o ensaio, senhor maestro. Não me incomoda".

Esse carpinteiro não percebeu o ponto de vista daqueles que estavam sendo objetivamente importunados. Quando alguém age assim, dizemos que lhe falta empatia.

A empatia é a competência emocional que consiste em reconhecer o pensamento e os afetos do outro. Graças à empatia, somos capazes de nos colocar sob o ponto de vista dos outros, de escutá-los, de nos darmos conta do que sentem, precisam e pensam.

Quem acompanha precisa desenvolver a empatia, que é a capacidade de *colocar-se sob o ponto de vista do outro*, de captar a emoção e a perspectiva do outro, fazendo com que ressoe em mim. Em segundo lugar, implica a capacidade de expressar essa empatia, mostrando que compreendo o acompanhado, para que ele se sinta compreendido e possa também se entender.

✋ Era um casamento pobre. Ela abria a porta de sua cabana pensando em seu marido. Todo mundo que passava por ali se apaixonava pela beleza de seus cabelos pretos, com fios brilhantes saindo de uma presilha. Seu cabelo era muito importante para ela, porque era quase parte de sua imagem, o último vestígio de sua beleza juvenil.

Ele ia ao mercado todos os dias, levando algumas frutas. À sombra de uma árvore, ele ficava esperando, segurando, entre os dentes, o cachimbo vazio de que tanto gostava. Não tinha dinheiro para comprar um pouco de tabaco.

O dia do aniversário de casamento estava chegando e ela ficou imaginando o que poderia dar ao marido. E, além disso, com que dinheiro? Uma ideia passou por sua mente. Sentiu um calafrio com o pensamento, mas, quando decidiu, todo o corpo estremeceu de alegria: ela vendeu seu cabelo para comprar tabaco.

Já imaginava seu marido na praça, sentado diante das frutas, dando longas baforadas em seu cachimbo: aroma de incenso e de jasmim dariam a seu dono a solenidade e prestígio de um verdadeiro comerciante.

Com a venda do cabelo conseguiu só algumas moedas, mas escolheu cuidadosamente a melhor caixa de tabaco. O perfume das folhas enrugadas compensou por muito tempo o sacrifício de seus cabelos.

Quando a tarde chegou, o marido voltou. Vinha cantando pelo caminho. Ele tinha um pequeno pacote na mão: eram pentes para a esposa, que acabara de comprar depois de vender o velho cachimbo... Abraçados, riram até o amanhecer.

A empatia, como nesta história dos velhos apaixonados, é a capacidade de se pôr no lugar do outro.

-- *Regra de ouro da empatia*. A empatia é um dos ingredientes da boa relação com os outros, da relação calorosa e exitosa. Se não houver, não existe a possibilidade do encontro, da amizade, da relação que flui. Nisso se baseia a amizade, toda forma de intimidade com o outro.

A empatia me permite compreender o outro sem julgamento, vendo sempre seu lado positivo.

A empatia é regida pela *regra de ouro de toda relação*: atribui não só os aspectos positivos do outro a causas disposicionais, internas, a sua forma de ser, como também os aspectos negativos do comportamento do outro a causas situacionais, externas.

Dessa maneira, mantemos para nós a boa imagem do outro, o que nos permite acompanhá-lo, perdoá-lo, resolver seus problemas. Assim, se meu amigo – filho, esposo, ou parente – me der uma resposta atravessada, logo penso que ele não está bem, que está preocupado, magoado, porque, senão, não se comportaria assim; de modo que, em vez de me contrariar, me preocupo com ele. Se, pelo contrário, ele me tratou com carinho, penso que é porque gosta de mim.

– *A empatia me permite não julgar o outro, e sim descobrir o valor de tudo o que há nele.* Posso julgar ações ou situações, mas não quem as realiza. Desse modo, fortalecemos sua imagem. Essa atitude produz relaxamento no acompanhamento, tranquilidade, alívio, sensação de ser compreendido.

– *Ao acompanhante, a empatia permite dar-lhe apoio emocional e o libera de ser o centro do encontro*: o centro tem que ser sempre o acompanhado (se for o contrário, poderia dizer como aquela pessoa que afirmava: "Nessa relação entre você e eu, existem dois pontos de vista: o errado e o meu").

– *A empatia nos permite descobrir tudo o que há de bom no outro, suas qualidades, suas forças, e dizer isso a ele.* Elimina preconceitos.

Dizer ao outro o lado bom que vejo nele dá firmeza, fortalece sua autoestima e o predispõe ao encontro comigo.

– E, por último e não menos importante, a empatia impede os mal-entendidos.

✎ Gandhi afirmava que grande parte dos mal-entendidos acabariam se as pessoas se pusessem na pele do adversário e compreendessem seu ponto de vista. Isso ocorreu a um jovem *hippie* dos anos 1970 que subiu num ônibus público. Em seguida, um dos passageiros lhe disse:

– Jovem, você perdeu um sapato.

E este respondeu ao passageiro:

– *Não. Na verdade*, eu o encontrei.

– *Como ter empatia*. Para que a empatia se torne possível, é necessário dispor-se a ouvir o que o outro nos comunica, tanto com suas palavras como com seus gestos, e deixar que o outro faça eco em mim. Às vezes, essa linguagem não verbal (o que seu tom de voz nos mostra, seus gestos ou sua postura) nos diz muito claramente como ele está. Basta poder ouvir.

Em segundo lugar, é importante que *o outro saiba que nos importamos com o que ele pensa e sente*, tanto com os nossos gestos como com nossas palavras. Portanto, a chave para melhorar a empatia pode ser encontrada na arte da escuta (da qual falaremos mais adiante) e na arte da comunicação (de que também trataremos depois).

A empatia passa por dois momentos:

– *Contato,* quando me deixo impactar pelo problema do outro, em que me permito a não indiferença em relação à dor do outro.

– *Retirada*, em que tomo distância para conseguir perspectiva, serenidade e sentimento de culpa (por eu estar melhor). Não tomar essa distância pode levar ao *esgotamento*, pois poderá afetar sua própria vulnerabilidade.

Aceitação incondicional

✎ – Que crianças lindas! – exclamou sua amiga ao encontrá-la na rua com seus filhos.
– Isso não é nada. Teria que vê-los nas fotos de estúdio que fizemos – disse ela.

Quem acompanha precisa aceitar, sem condições, o acompanhado, seja ele quem for, esteja como estiver, manifestando tal aceitação com palavras e atitudes. Trata-se de aceitar o acompanhado sem julgá-lo. Sua dignidade pessoal é reconhecida e visível, além do seu comportamento ou de suas reações específicas ao acompanhante. Mas essa aceitação o acompanhante deve aplicar em si mesmo.

– Aceitar a pessoa não significa aprovar tudo o que ela faz ou não ajudá-la a melhorar em alguma coisa, e sim abrir-se à pessoa como ela é e como está, com respeito e com requintes de tolerância.

– Sua aceitação de nossa parte ajuda o acompanhado a gostar mais de si mesmo. Sendo reconhecido e afirmado como pessoa, por parte do acompanhante, o acompanhado encontra lugar para sua autoafirmação e autoaceitação.

– Acolher o outro é deixar-se surpreender por ele e supõe reconhecer que nunca o conheceremos por completo e que, além disso, nunca devemos colocar-lhe rótulos para explicá-lo ou até mesmo para dizer como ele é ou quem é.

– Acolher o outro supõe acolhê-lo com sua situação real, em sua originalidade e singularidade, valorizando tudo o que há de bom em sua vida, suas conquistas biográficas. Para isso, precisamos abordá-lo sem preconceitos, abertos sinceramente à novidade de sua vida e a seu olhar para a realidade. A aceitação incondicional do outro resulta, por sua vez, em condição para a empatia.

Os preconceitos devem-se à tendência que todo ser humano tem de categorizar ou se fechar em um conceito de realidade, para saber o que fazer, para saber em que se deve ater.

Colocar rótulo conceitual não serve para orientar nosso pensamento e nossa ação. Desse modo, por exemplo, a incerteza que temos diante de diversos sintomas que nos afetam (dor de cabeça, febre, articulações fracas, congestão nasal) é superada quando se descobre a que se refere essa situação: gripe. A partir do conceito, fico sabendo ao que posso me ater e o que fazer. Entretanto, quando fazemos isso com as pessoas, o resultado não é o mesmo, pois uma pessoa sempre excede ao "rótulo" que colocamos nela. Uma pessoa é maior que sua depressão, que sua fobia, que sua falta de controle dos impulsos, que seu vício... A pessoa é maior que seus problemas, que suas circunstâncias, suas dificuldades. Por isso, minhas ideias preconcebidas ou minhas formas inadequadas de perceber o outro podem dificultar minha relação com ele (ou destruí-la irreversivelmente).

Talvez não seja possível evitar que surjam outros preconceitos, porque todos somos filhos de nossa história e experiência. Mas o importante é dar-se conta disso, colocá-los "em quarentena" e tomar certa distância deles para que aquela experiência única não se encerre, ela consiste de cada encontro com cada pessoa. Inclusive com uma pessoa que eu conheça bem, as categorias, ideias preconcebidas e os rótulos que vou pondo nela (a convicção de que "já conheço a pessoa" e de que "já sei como ela vai agir"; elas dizem: "Conheço você como se o tivesse visto nascer") dificultam também a abertura para a novidade que cada pessoa traz em cada dia de sua vida. Jamais podemos saber tudo sobre quem é o outro, mesmo que convivamos com ele 24 horas por dia, todos os dias de nossa vida. É importante levar isso em conta, sobretudo no âmbito da família e do casamento.

Chamamos *viés* de percepção aos erros na avaliação dos outros.

É importante ter consciência deles para poder evitá-los. Os principais são:

– *Preconceito:* julgar uma pessoa de modo hostil e negativo por pertencer a um grupo ou por sua aparência ou conduta, inferindo as mesmas qualidades negativas que o grupo atribui ou à sua aparência ou a sua conduta pontual. É uma ideia preconcebida, própria da tendência humana que se divide em categorias para conhecer os objetos. O preconceito não tem fundamento e leva a uma carga emocional negativa e a uma tendência à aversão.

– *Viés de confirmação:* levar em conta apenas a informação que confirma nossas crenças (especialmente aquelas arraigadas emocionalmente) ou expectativas. É um filtro pelo qual se vê na realidade aquilo que se espera ver para confirmar sua própria perspectiva. Isso acontece ao hipocondríaco, ao paranoide, depressivo, mas também ao que fica somente nos argumentos, sintomas, sensações ou pessoas que espera encontrar para confirmar sua perspectiva. Exemplo: se acho que uma criança seja incapaz, minha tendência será ficar atenta só a seus tropeços.

— *Viés de desconfirmação:* descartamos tudo aquilo que não se encaixa em nossas crenças ou expectativas. Por exemplo, pode-se descartar de certa forma aquilo que não entra nos "nossos esquemas" ou que compartilhe nossa visão de mundo. Isso ocorre, por exemplo, quando rotulamos alguém de "insuportável" ou de pessoa geniosa. Se algumas vezes nos trata com normalidade ou até com amabilidade, parece como se não contasse, pois estamos atentos somente às suas impertinências ou asperezas. Isso pode também acontecer aos pais, quando afirmam que seu filho adolescente "é insuportável" e que está "continuamente chateado", sem prestar atenção às vezes, muitas ou poucas, em que ele não age assim. Ocorre também quando desprezamos os argumentos de alguém que rotulamos negativamente (por suas ideias políticas ou reações em público, por exemplo), mesmo que tais argumentos sejam honestos e verdadeiros.

— *Viés de expectativa ou afeto pigmaleão (Robert Rosenthal):* as pessoas comportam-se conforme as perspectivas que se tem delas. Se esperamos algo de bom, a tendência é que ajam conforme o esperado. Mas do mesmo modo irão agir mal se esperarmos somente erros e faltas. Rosenthal, que foi quem deu nome a esse *efeito*, descobriu que, quando os professores esperavam bons resultados de um grupo de alunos, esses melhoravam em seu rendimento. Se os professores esperavam maus resultados de um grupo de alunos, estes pioravam. Sem dúvida, as mensagens não verbais e inconscientes emitidas pelos professores em relação a suas expectativas faziam com que os resultados esperados ocorressem. Em função de suas expectativas, os professores mudavam também o clima emocional, a quantidade de informação, as oportunidades, os elogios e o modo de correção.

– *Projeção:* nossa tendência é ver nos outros os defeitos ou sentimentos que não aceitamos em nós mesmos ("é um interessado", "é um amargurado").

– *Efeito halo:* generalizamos um traço positivo ou negativo de uma pessoa, definindo a pessoa toda com ele. Assim, dizemos que uma pessoa é encantadora porque a achamos fisicamente atraente ou decidimos que é insuportável porque um dia notamos nela um gesto grosseiro.

– *Ponto cego:* é a tendência de não percebermos as próprias raridades ou preconceitos que vemos nos outros. Próprio de quem vê os outros como "raros", sem perceber suas próprias raridades ou as dos seus. Uma senhora, vendo o desfile de fim de curso em que seu filho participava, afirmava orgulhosa: "Todos erram, exceto meu filho".

Congruência

A congruência consiste na coerência entre o que o acompanhante pensa e sente, por um lado, e sua expressão ou manifestação ao acompanhado. Portanto, é a situação em que palavras e comportamento, linguagem verbal e não verbal, estão em consonância.

A congruência é imprescindível para uma boa comunicação, porque evita afetação, pose e oferece espontaneidade na relação. Trata-se, enfim, de não desempenhar o "papel" de acompanhante e nem se preocupar em como agir. Consegue-se, assim, estar perto do acompanhado, aberto a ele, sem barreiras nem temores.

Se digo ao acompanhado: "Me conta como as coisas estão indo desde nosso último encontro" e, em vez de olhar para ele com atenção, faço um gesto como se estivesse aborrecido, olho o relógio ou abro o whatsapp, estou agindo, de modo não verbal, com incongruência: digo a ele que quero que me conte como tem ido, mas não me disponho a ouvi-lo.

Para conseguir a congruência, o acompanhante precisa ser uma pessoa madura, experiente, para não se preocupar em como agir. O bom acompanhante é capaz de se entregar sinceramente ao encontro e ao acompanhamento com naturalidade. Isso implica que será capaz de responder, com suas atitudes e linguagem não verbal, ao que o acompanhado manifesta. O acompanhante precisa ser uma boa "caixa de ressonância" da presença do acompanhado, sendo capaz também de compartilhar com o acompanhado, em confiança, suas próprias impressões.

MÉTODO DE ACOMPANHAMENTO
MOMENTOS-CHAVE

5. Estrutura de cada encontro

O acompanhamento é um processo que acontece através de uma série de encontros pautados durante um tempo. Esses encontros têm um componente surpresa, imprevisível, e é fundamental estarmos abertos à novidade que tenha importância para cada pessoa e à surpresa que cada encontro nos traz. Entretanto, há um certo caminho a ser percorrido, um certo método, um certo processo com elementos comuns que logo se adaptam em função do tipo de acompanhamento e de cada acompanhado e acompanhante.

Esta segunda parte é dedicada ao desmembramento de aspectos-chave daquilo que podemos considerar um "método geral" de acompanhamento, aplicável a qualquer tipo (pessoal ou de grupo, esportivo ou espiritual, educativo ou familiar etc.).

Para aqueles que estão mais ansiosos para "entrar em ação" acompanhando os outros, pode ser útil desde o início saber que cada reunião deve ter uma série de elementos-chave que funcionam como um diálogo socrático. O processo de acompanhamento, em sua estrutura básica, é um processo de diálogo e escuta. O diálogo é realizado com uma série de perguntas-chave que incitam o acompanhado a agir.

As etapas que vêm a seguir são as etapas gerais do mesmo processo de acompanhamento. Podem ser também de um encontro real. Em todo caso, nos primeiros encontros é melhor estabelecer qual é a situação, a necessidade e adquirir certo conhecimento, e, nos seguintes, pode-se centrar mais nos ideais, objetivos e no modo de consegui-los. As etapas básicas e as perguntas-chave elementares nesse processo seriam as seguintes:

Acolhida

As boas-vindas constituem o primeiro momento em que nos abrimos para o outro como ele é e mostramos nossa disposição para o encontro. Nesse acolhimento, é essencial criar um vínculo emocional e perguntar imediatamente o motivo pelo qual a pessoa veio nos ver ou qual o problema que a aflige.

– O que o traz aqui?

– O que você precisa?

– O que acha que falta na sua vida?

Definição do ideal e dos objetivos

Desde o começo, o acompanhado deve saber qual é seu ideal, para onde quer ir, quais são seus objetivos. As perguntas-chave nesse sentido são:

– O que você quer conseguir? O que quer que aconteça?

– Qual seria, para você, uma situação ideal? O que conseguirá com isso?

– O que é preciso fazer para se aproximar do seu ideal? O que pode representar um objetivo concreto que o aproxime desse ideal?

– Quais desafios concretos você vai enfrentar, de forma a fazê-lo alcançar essa situação ideal?

Tomada de consciência de si e da própria situação

No acompanhamento, o acompanhado precisa ir se descobrindo e conhecendo com clareza qual é a sua situação. As perguntas--chave são:

– O que falta para conseguir seu objetivo? Do que precisa?

– Em que ou em quem você pode se apoiar? O que ou quem é, para você, uma fonte de recursos?

– Como você está nesse momento?

– Quais são suas dificuldades, seus obstáculos?

– O que dá a você forças e quais são seus pontos de apoio?

– Quando as coisas estão indo bem ou quando o que você diz não acontece ou não é tão sério ou frequente?

– O que acontece quando as coisas saem bem, nos bons momentos? O que acontece se as coisas se derem de forma diferente? O que você faz?

– Como enfrentou outros problemas no passado?

Projeto e ação

Uma vez determinado o ponto de chegada – o ideal e os objetivos – e a situação de partida, é preciso estabelecer um projeto para ver como caminhar do ponto em que se está até onde se quer chegar e quais ações concretas vão ser feitas. Para isso, as perguntas-chave podem ser:

– Quais são seus objetivos a curto, médio e longo prazo?

– Qual é o primeiro passo que vai dar?

– Quando vai começar?

– Como vai fazer?

– Em que se apoiará?

– Qual pode ser o indicativo de que você está se aproximando do seu objetivo?

Revisão

Após cada sessão, você deve revisar como as coisas foram desde o encontro anterior. Para isso se pergunta:

– Como você está indo, tendo em vista o que propôs?

– O que ocorreu de positivo?

– O que o tem ajudado a avançar?

– Quais obstáculos encontrou?

– O que já conseguiu?

– O que aprendeu?

– O que é preciso fazer para que as mudanças se mantenham?

– Como isso o aproxima de seu objetivo?

É importante grifar que, na realidade, não interessa muito pensar no que vai indo mal, e sim *naquilo que vai indo bem e em como manter e aumentar isso*. Se o acompanhado insiste em contar a parte dolorosa, se dermos espaço que permita o desabafo, precisamos conduzir depois, através de perguntas, a perceber o que de positivo ocorreu.

É importante também assinalar que, desde os primeiros encontros, é preciso passar do discurso para a ação. Se, em cada sessão, não houver mudanças nem compromissos para que elas aconteçam, por menor que seja, o acompanhamento pode se converter num simples alívio sentimental, em um passatempo, em um divertimento, porém, não em um processo de crescimento pessoal.

Sessões complementares

Além desses momentos básicos – de todo encontro e de todo o processo –, em todo acompanhamento deve haver outros momentos que podemos chamar "complementares", porém, essenciais: o de cura de feridas e o de proporcionar instrumentos, recursos e possibilidades para se conseguir concluir seu projeto de vida.

6. Acolhida

🖐 O primeiro momento de qualquer acompanhamento, quando avaliamos em parte sua eficácia e discutimos sobre ela, é o momento das boas-vindas, o momento em que vamos encontrar quem vem pedir acompanhamento. As boas-vindas é, portanto, o primeiro momento em que nos encontramos com o acompanhado, mas também uma atitude e um modo de agir nos encontros com o acompanhado.

Para acolher adequadamente:

– Quem acompanha precisa ser caloroso, afável, respeitoso, empático, ter uma atitude de aproximação. A gente se apresenta companhia, o que consiste em estar conscientemente presente. Para isso, é necessário "deixar-se tocar" por aquele a quem acompanhamos, deixar-se emocionar, estremecer ao olhar para ele, colocar-se em seu lugar, no mesmo plano, como se tivesse em seu caminho, mas descentrando-me dele.

– O protagonista sempre é o acompanhado. Percebe que o outro é único, que seus sentimentos e sua situação são únicos. Portanto, é preciso deixar de lado qualquer tipo de preconceitos e estereótipos.

– A acolhida ajuda a *entrar em contato corporal* com ele. O contato é acolhedor, tira nossa máscara, que impõe distância (sempre com respeito ao outro, pois há pessoas que não conseguem ser tocadas, abraçadas...). Em todo caso, a proximidade se expressa com o contato. É preciso pôr o coração nas mãos. O aperto de mãos, o carinho, o abraço, as mãos dadas, as mãos sobre o ombro, expressam apoio, compartilhamento da dor, presença.

– *No contato o olhar é a chave, o contato visual.* Como olhar? Direcionando o olhar para os olhos. Quando estiver ouvindo, é melhor, às vezes, não olhar, ou olhar ocasionalmente. Não olhe furtivamente ou com intenção de examinar ou investigar o outro. Não olhe quando perceber que o contato visual está desconfortável.

– É preciso atender o outro com empatia, colocando-se afetiva e intelectualmente em seu lugar. Sorrir, reconhecer limitações, usar o humor, em caso de contratempos, além de manter uma postura relaxada, expressão serena e tom de voz calmo, atitudes essas que ajudam que a acolhida seja eficaz.

✦ *Do ponto de vista prático*, convém um primeiro encontro para apresentar-se, criar um clima de confiança, em que o acompanhado mostre suas necessidades e expectativas, e para combinar os encontros (decidir frequência, duração, objetivos, papéis, confidencialidade, que se podem realizar através de um contrato escrito ou oral).

No primeiro encontro, ao falar dos papéis de cada um, é preciso que fique claro que o papel do acompanhado não é passivo. Lá não vão "consertar" sua situação, mas, sim, ele irá vivê-la e corrigi-la com o acompanhamento. Acompanhado e acompanhante são aliados de vida. Por isso, é preciso participar das regras concretas do encontro pessoal (frequência, proximidade, chamar de você, posição mais cômoda...).

Comunicação

A acolhida daquele que chega para o processo de acompanhamento supõe estabelecer com ele uma comunicação adequada. Para isso, é preciso levar em conta vários aspectos:

– A comunicação acontece verbal e não verbalmente. Não é importante somente o que se diz e sim como se diz.

– Precisa haver congruência entre o que dizemos e como dizemos. Há de ter harmonia e coerência entre a mensagem e o tom, entre a mensagem e a linguagem não verbal, para ter força suficiente. Nossa comunicação pode não ser eficaz por incongruência entre o que dizemos e o que fazemos.

– A boa comunicação exige abertura, sinceridade e clareza.

– Comunicar-se significa falar do comum e do pessoal: nossa vida, nossos assuntos, problemas, medos, necessidades, mágoas, ilusões, projetos, procurando não mascará-los. Comunicar é comunicar a dor e a alegria.

– Comunicar é também comunicar sentimentos, afetos (perante as circunstâncias, perante o outro).

– É imprescindível se relacionar de tal forma que fiquem sempre abertos os canais de comunicação. Por isso, é necessário ser assertivo (e não inibido ou agressivo) e utilizar o "me mande uma mensagem".

Na hora de começar o trabalho, pode-se utilizar diversas formas de linguagem, diversos tipos de mensagem.

Podemos classificar o tipo de mensagens em que aparecem o diálogo em dois grandes grupos: as do tipo "me mande uma mensagem" e as do tipo "mando uma mensagem a você". As primeiras são destrutivas. As segundas, construtivas.

– As do tipo "me mande uma mensagem" são aquelas em que se rotula e acusa o outro. Através de "me mande uma mensagem", a gente está ordenando o outro o que ele tem que fazer, o que pode produzir novos conflitos e aumentar os que já existem. Frequentemente se usam expressões como: "Você nunca..., você sempre..., você é um...". O certo é que, ao nos dirigirmos dessa forma ao outro (ou a nós mesmos), não favorecemos nenhuma mudança positiva. Ao contrário, consagramos como definitivo o problema que existe. Se um pai diz a seu filho: "Você é um preguiçoso", incita-o a que continue preguiçoso; e se ele diz ao filho: "Você não tem nem ideia", aumenta sua baixa autoestima; se ele diz: "Assim você não vai aprender nunca", o desanima; se ele diz: "Aprenda com essa pessoa", causa ciúme; se ele diz: "Sua mãe vai descobrir quando chegar", aumenta o medo; se ele diz: "Você nunca mudará", está dizendo que continuará sempre assim.

– As do tipo "mando uma mensagem a você" são aquelas centradas não na pessoa, e, sim, na atividade que está realizando. *Descreve* o que faz ou os efeitos que provocam em mim, porém, não tem qualquer ação (mesmo que possa sugerir). Atua sem agressividade, dando uma oportunidade de que o outro se corrija. Expressar-se na primeira pessoa ("O que eu penso é que...", "Na minha opinião...", "Peço a você que...", "Me incomoda que..."). Nas "mando uma mensagem a você" o comportamento objetivo é descrito e mostra preocupação ou sentimento; mostra o real efeito que sua ação produz; não machuca; estimula o diálogo sobre a situação, convidando a pessoa a descobrir a solução por si mesma; ajuda a obter confiança em si mesmo. Vamos ver vários exemplos de "mando uma mensagem a você" e as consequências que produz. Se eu digo: "Quando chega tarde, me preocupo. Gostaria que chegasse na hora ou que me avisasse", promovo pontualidade e responsabilidade; se digo: "Acho que suas roupas estão fora do lugar" – educo sobre a ordem; se eu disser: "Talvez o que você diz possa ser visto de maneira diferente", sou a favor do diálogo; Se eu disser: "como você acha que seu amigo se sente com a sua atitude?", ensino como resolver conflitos.

⚓ Para usar um estilo comunicativo assertivo, através de "mando uma mensagem a você", podem ser usados os seguintes passos:
– Expressar sentimentos na primeira pessoa: "Eu me sinto...".
– Descrever a situação que faz com que eu me sinta dessa maneira: "Quando...".
– Descrever as consequências ou os efeitos da situação: "Porque...".
– Indicar as mudanças que se sugerem que faça: "Eu gostaria de que...". "Eu me sentiria melhor se...".

A arte de perguntar

A arte de acompanhar está apoiada, em grande parte, na arte de perguntar.

O diálogo socrático com o acompanhado consiste em fazer o acompanhamento através de perguntas abertas, com as quais ele possa se conhecer melhor e encontrar por si mesmo uma saída para a situação em que se encontra.

Para cada momento do acompanhamento, convém saber fazer as perguntas-chave. Mas cada montanha indica como subi-la (umas pela trilha, outras escalando, outras em ziguezague...). Do mesmo modo, cada pessoa indicará, em particular, qual acompanhamento e, portanto, de quais perguntas ela precisa.

– Essas perguntas precisam ser *perguntas abertas* (que não seja respondidas com "sim" ou "não"), mas sempre feitas com alguma intenção, como, por exemplo, gerar informações sobre aspectos em que a pessoa se sai bem, sobre como foi bem em outras situações semelhantes. Esta seria uma pergunta fechada: "Aconteceu alguma coisa positiva nesta semana?", e esta seria uma pergunta aberta: "O que aconteceu de positivo esta semana?".

– *Não existe pergunta neutra.* Se eu pergunto: "Se você melhorasse nesse aspecto, o que faria? Como notaria?", a mensagem subliminar que transmito é que duvido que possa melhorar. Pelo contrário, se pergunto: "Quando melhorar nesse aspecto, o que fará? Como vai perceber?", transmito segurança e confiança de que a pessoa vai conseguir. Faça perguntas com diversos objetivos: que o acompanhado tome consciência de qual é sua situação, para que possa se orientar e saber em que ponto está e aonde quer chegar, onde está com respeito a seu objetivo, com quem conta para isso e o que vai fazer para alcançá-lo.

– *Toda pergunta supõe uma interpretação.* Posso (condenar) com minhas perguntas ("Já parou de insultar sua mãe?", "Está menos violento com seus filhos?") ou abrir o caminho da esperança ("Já está comprovado até onde você é capaz de ser amável com sua mãe?").

– *As perguntas precisam servir para ajudar o acompanhado a mudar de perspectiva*, porque muitos problemas não se baseiam tanto no que acontece, mas em como se julga isso.

> ✔ Para que as perguntas sejam eficazes, elas precisam ser curtas, claras e abertas, ou seja, permitirem que o outro se explique. Precisam ser orientadas à solução, mais do que ao problema, orientadas à ação, não à justificativa. É por isso que

não perguntamos especialmente sobre o "por quê", mas sobre o presente e o futuro. As perguntas devem conter elementos positivos e reforçadores, causar mudança de perspectiva e ser motivadoras e geradoras de possibilidades, como, por exemplo: "O que pode ser feito para resolver a situação? Como você gostaria de estar? O que é preciso fazer para alcançar essa condição?".

Vínculo emocional

Na acolhida é preciso conseguir sintonia emocional com quem vamos acompanhar, isto é, é necessário haver simpatia mútua e o desejo de envolvimento mútuo. É essencial conseguir um bom vínculo emocional com aqueles que serão acompanhados (alunos, clientes, família).

O bom clima emocional faz com que a pessoa se sinta acolhida, possibilitando mudança e novas aprendizagens. Nós nos lembramos daqueles professores para quem fomos alguém especial, por terem nos considerado, saberem nosso nome, nos terem apreciado, nos terem destacado...

Para conseguir esse vínculo, é importante empregar palavras e expressões do acompanhado, para que sinta que "jogamos em seu time". Ao empregarmos palavras, metáforas, expressões semelhantes a dele, vai entender que nos identificamos com ele, que o entendemos. Podemos empregar analogias ou metáforas relacionadas com sua área de trabalho ou de competitividade (falar com o jovem com expressões usadas na informática; com o agricultor, com termos empregados na agricultura; com o viajante, com palavras do meio turístico etc.).

No entanto, se o acompanhado utiliza palavras negativas insistentemente, você terá que reconduzi-lo introduzindo termos positivos que ajudem a reformular sua situação. Trata-se de substituir os rótulos pelas ações concretas (em vez de dizer: "Filho, você é um preguiçoso", tentar dizer: "Você estuda menos de uma hora por dia", ou, em vez de dizer: "Meu marido é viciado em *videogame*", tentar dizer: "Meu marido passa sete horas em casa, todas as noites, entre as redes sociais e os *videogames*"). Isso ajuda a especificar a situação e, portanto, a solução.

🗲 Quatro questões precisam ser levantadas para termos certeza de que a pessoa que acompanhamos fez uma conexão emocional:
– Como se sente? O intuito é fazer eco de seus sentimentos, emoções, ter certeza de que se sente acolhido, aceito.
– Você se interessa pelo que vamos fazer?
– Considera importante? Tem ligação com seus valores e metas?
– Acha que vai ser prático?

🗲 Outras medidas que favorecem essa ligação emocional são:
– Mostrar alegria, sorrir, olhar nos olhos e chamar pelo nome.
– Ouvir com atenção. Deixar que fale sem interrupção.
– Estar disposto a colaborar incondicionalmente, a fazer parte da mesma equipe. Explicar que somos seu colaborador. Deixar que seja o protagonista.
– Bom humor, amabilidade, mostrar entusiasmo com o que faz.
– Se comprometer com a aliança e ser responsável.

🗲 *Promoção da autoeficácia*. Em todo o processo de acompanhamento, uma forma importante para impulsionar a pessoa a seguir adiante e se sentir ligada emocionalmente é fazer que a *pessoa tenha pequenas experiências de êxito e que nós a valorizamos.* Para isso, a chave é encontrar um equilíbrio entre a importância daquilo que se propõe, o prazer que pode alcançar e, por outro lado, o esforço necessário para conseguir isso. Para incentivar, portanto, é preciso:

– Propor, desde o começo, tarefas com as quais possa conseguir pequenos êxitos e obter experiência de autoeficácia.

– Eliminar ou modificar as crenças distorcidas que bloqueiam a pessoa e a fazem pensar em sua incapacidade. Às vezes, são simplesmente afirmações negativas sobre si mesma ou sobre a realidade que bloqueia o crescimento.

– Oferecer instrumentos e treinar habilidades que permitam a ele enfrentar com eficácia novas tarefas ou desafios.

– Ajudar a antecipar meta e prêmio.

– Mostrar como a atividade é interessante e importante. Mostrar seu sentido.

– Confiar abertamente que a pessoa acompanhada poderá fazer o que estamos propondo.

Bloqueadores da relação

Diversas atitudes por parte do acompanhado dificultam ou bloqueiam a relação com ele (e sua própria relação com outros):

– *Dificuldades para enfrentar o conflito,* medo do conflito, pela tensão que gera. Prefere fugir ou calar-se. Diante disso, devemos descobrir se o conflito vai gerar crescimento e se é inerente às relações humanas.

– Culpar, acusar ou atacar pessoas em vez de analisar seu comportamento ("me mande uma mensagem"). Diante disso, convém descobrir e habituar-se a conversar sem culpar, julgar ou atacar. Podemos apontar o comportamento de que não gostamos, mas sem julgar ou criticar. Além disso, essa é uma forma de colocar-se fora do problema, como se não fosse com você.

– *Colocar-se na defensiva* é uma forma de atacar o outro e se culpar.

– *Vitimar-se*, mostrando o dano sofrido, afirmando que não consegue fazer nada e tentando se livrar de responsabilidades.

– *Indiferença ao outro*, desconexão, silêncio, afastar-se para não falar, é o que impede a comunicação. São formas de defesa por fraqueza, por não saber como enfrentar isso.

– *Ironia, gozação, insulto, menosprezo.*

– Agressividade, grito, bater porta...

Todas essas circunstâncias mostram uma mensagem positiva: aqui há uma necessidade não satisfeita.

Por exemplo, o adolescente pode agir na defensiva porque sente que não o ouviram ou não o levaram em conta; ou o marido opta pelo silêncio porque não tem capacidade ou habilidade para enfrentar a comunicação com sua esposa.

Quando essas atitudes bloqueadoras são detectadas, é preciso parar e trabalhá-las para desbloquear o laço ou o comportamento repetitivo.

🖐 Modo de trabalhar essas atitudes de bloqueio:
– *Detectá-las e reconhecê-las*. Cada um deve analisar qual é sua atitude bloqueadora ou como ela contribui para o problema, respondendo com atitudes bloqueadoras às outras atitudes

bloqueadoras. Descobri-las e nomeá-las (sem culpar ninguém) melhora o clima emocional e facilita a gestão dos conflitos, além de propiciar aprendizagem para todos.

– Uma vez localizados, é preciso *pôr à prova comportamentos alternativos* (em que todos estejam envolvidos), ensaiar para que sejam transformados em hábitos. Com essa chave, a família poderá detectar as atitudes bloqueadoras e descobrir os "anti-bloqueadores", para depois colocá-los em prática.

Encontro antes do início do processo

Antes de qualquer processo de acompanhamento, é preciso estabelecer um primeiro encontro pessoal entre acompanhante e acompanhado, para criar um clima de confiança e de colaboração mútua, falar sobre como vão trabalhar e criar um vínculo afetivo. Para isso, é preciso interessar-se sinceramente pelos aspectos da vida do acompanhado (que não tenham a ver com a sessão).

✦ No início é importante:
– Apresentar-se, acolherem-se mutuamente com um sorriso.
– Deixar claro o papel de cada um.
– Estabelecer como as sessões vão se desenvolver.
– Deixar claro que tudo que é tratado na sessão é confidencial.
– Criar um clima de intimidade.
– Escutarem-se mutuamente: olhando, espelhando, parafrasean-do, sintonizando com as emoções do outro.

Por parte de quem se faz de acompanhante é importante:
– Nunca julgar o acompanhado.

– O acompanhante não dá soluções nem ensina, e sim acompanha e ajuda a pessoa acompanhada a adquirir consciência, aclarar seus objetivos e projetar como consegui-los.

✎ No início, é preciso perguntar a razão pela qual ela veio ao acompanhamento: "O que a trouxe aqui? Para que você veio? O que você precisa?".

✎ Em segundo lugar, cada um dos dois irá expressar em diálogo aberto:
– O que pretendo? O que quero conseguir? O que quero conversar ou o que gostaria de trabalhar em mim para melhorar?
– O que espero desse processo de acompanhamento ou desse encontro?
– O que esperamos um do outro?
– O que seria para você um encontro de sucesso?

✎ Outras perguntas para começar um primeiro encontro são aquelas sobre as expectativas, sobre o que o acompanhado pretende. Perguntas-chave, nesse sentido, são:
– Quais são as suas expectativas? O que gostaria de conseguir com esses encontros?
– O que quer trabalhar nessa sessão?
– Qual o seu objetivo ao vir para essas sessões?
– De que forma sua vida mudará quando você conseguir o que quer?
– O que seria bom alcançar neste encontro?
– Como posso acompanhá-lo? Em que quer que o acompanhe?
– O que espera hoje de mim?
– Como está se sentindo?

➤ Finalmente, convém fazer alguma pergunta para conseguir certo conhecimento básico inicial da pessoa que vamos acompanhar, mostrando desejo sincero de conhecê-la e valorizando o lado positivo que há na sua vida:

– *Âmbitos positivos:* Quais são os melhores aspectos da sua vida? O que mais o satisfaz? Quais áreas da sua vida estão melhores?

– *Família e convivência:* Você vive com alguém? Quem são? Como é sua relação com cada um deles?

– *Amigos:* Você tem amigos? Quantos? Quais são os mais importantes? Com que frequência se encontra com eles?

– *Outras relações:* Você pertence a algum grupo? O que vocês fazem?

– *Ocupação:* Em que você trabalha? Está satisfeito com seu trabalho? Gostaria de trabalhar com o quê? O que faz quando não trabalha? O que gostaria de fazer no seu tempo livre?

– *Saúde:* Como está a sua saúde? Toma medicamentos? Bebe ou fuma? Pratica esportes?

– *Características pessoais:* Quais são suas melhores qualidades? Do que sente maior orgulho em sua vida? O que tem dado a você as maiores alegrias?

Criar um espaço de encontro: a aliança

Uma vez que o primeiro encontro acolhedor ocorreu e que a pessoa a ser acompanhada mostrou sua necessidade, sua demanda, é preciso criar um espaço de colaboração. Para tomar consciência de que o trabalho será feito conjuntamente e para conseguir um compromisso de ambas as partes, é muito importante estabelecer uma *aliança*.

– *No que consiste a aliança.* Para conseguir fazer essa aliança, acompanhado e acompanhante precisam perguntar-se mutuamente: O que preciso de você? O que espero de você? Portanto, é necessário que ambos digam quais ações e atitudes um precisa do outro para que essa relação de acompanhamento funcione. É conveniente não só verbalizar, mas, inclusive, escrever, como se fosse um contrato entre os dois.

Assim, é comum que ambos expressem a necessidade de respeito, confiança, confidência, veracidade, abertura...

– O respeito significa para o acompanhante a tomada de consciência da dignidade do acompanhado, de que é um ser único, valioso, com mágoas e grandes possibilidades, e que não pode ser definido por qualquer tipo de rótulo. Também, o respeito significa que o acompanhado é que marcará a pauta do processo de acompanhamento, que você não o julgará, que o informará dos passos que serão propostos e que sempre pedirá permissão para acessar sua privacidade ou usar um instrumento ou outro. Não cabem, portanto, manipulações ou intenção de domínio.

– Esse respeito une-se à *confiança* como forma de se abrir para o relacionamento com esperança, afirmando a pessoa do outro em todo o processo. Confia-se no processo e, também, um no outro. Por isso que é preciso estar aberto ao que o outro tem a contribuir, observar, querer, deixando sempre espaço para a liberdade. Cada pessoa tem seu ritmo. Mas isso significa, para o acompanhado, que ele pode confiar nos caminhos que o levem para "fora de sua zona de conforto", além de suas posições.

– Essa confiança está ligada à *confidencialidade* declarada por ambos: o que for tratado entre eles, fica entre eles.

– É comum também que o acompanhante peça ao acompanhado *responsabilidade e compromisso*, condições necessárias para que o acompanhamento seja frutífero: o acompanhado deve se encarregar de sua vida, se quisermos que o acompanhamento dê frutos.

– Reciprocamente, o acompanhante *também assume a responsabilidade do que ocorrer no processo de acompanhamento*, para que seja produtivo para o acompanhado. Será justamente essa responsabilidade mútua e confiança recíproca que criarão esse espaço seguro de crescimento e confiança que se dará em cada encontro.

🔎 *A falta de defesa aprendida* (isto é, a atitude aprendida que consiste em dizer "eu não consigo", diante de um problema, e ficar no papel de vítima, em vez de reconhecer que o que está por trás disso é um cômodo "eu não quero") é um subterfúgio para não enfrentar a situação, uma forma de fuga. Mas, se não há compromisso e vontade de agir, a primeira tarefa do acompanhamento será a de despertar a consciência dessa mudança de perspectiva e atrever-se a buscar novas possibilidades. O acompanhado precisa dar-se conta da responsabilidade de resolver seus problemas e de decidir que são coisas suas, sendo o acompanhante um facilitador e catalizador desse caminho.

– *O enquadre: estabelecer como serão os encontros.* O enquadre é o momento em que, antes do acompanhamento, são estabelecidas e acordadas, com o acompanhado, diversas questões práticas:

– Onde os encontros acontecerão (casa, escritório, sala etc.). É conveniente, geralmente, que os encontros se realizem em um lugar agradável, sem interrupções, em lugares neutros para o acompanhado.

– Quais as condições para as sessões (por exemplo, celular desligado, sem fumar, sem julgamento etc.).

– Quanto tempo durará cada sessão (embora com certa flexibilidade, é bom marcar um tempo, que pode ser de uma hora a uma hora e meia, para haver um bom aproveitamento).

– De quanto em quanto tempo os encontros acontecerão (geralmente a cada duas ou três semanas).

– Quanto tempo estimamos que todo o processo durará. Em geral, pode durar várias semanas ou vários meses. Não convém alongá-lo muito. É necessário fechar os processos de acompanhamento, mesmo que abertos, e começar outro.

– Se for o caso, fixar honorários.

– Como cancelar uma sessão (com quanta antecipação é preciso avisar, quando esse cancelamento estaria justificado).

A arte de escutar

Só se comunica quem sabe escutar.

Escutar não é ouvir, e sim colocar-se ativamente para atender o outro, para conseguir pôr-se no seu lugar. Chamamos de *empatia* a capacidade de se colocar no lugar do outro, tentando compreender seus pensamentos, motivos e sentimentos. Trata-se de mostrar ao outro que o consideramos, que nos importa o que lhe acontece. Para isso, é bom dizer ao acompanhado frases como: "Entendo o que acontece com você", "Entendo como se sente".

Saber que se é ouvida tem bons efeitos na pessoa, pois ela se sente aceita, compreendida e fica livre de suas tensões e emoções negativas.

Escutar permite que o acompanhante esteja centrado conscientemente no acompanhado. Ajuda que o outro se expresse. Esteja ligado na pergunta. Nessa primeira fase, convidamos o acompanhado a se expressar sobre o que o inquieta, o que sente ser um problema para ele. Trata-se de dar espaço ao outro e a seus sentimentos.

🖑 A pessoa que escuta com atenção quer entender a outra, entender o sentido daquilo que ela quer transmitir, e, para tal, é preciso empatia, ou seja, saber colocar-se no lugar do outro.

– *Facilita a escuta* prestar atenção, procurar compreender as ideias da outra pessoa. Ajuda também fazê-la entender que você a está ouvindo mostrar isso na sua expressão facial ou, ainda, dizer "entendo", como também através da linguagem não verbal (gestos de consentimento, olhar para ela, inclinar o corpo em sua direção). É necessário não apenas prestar atenção ao que ela nos fala, mas também em seus gestos, nos movimentos do corpo e nas emoções que demonstra.

– A distração *dificulta a escuta*, pois interrompe quem está falando, demonstra julgamento, oferece soluções antes que a pessoa termine de se explicar, não lhe dá espaço para que se expresse, apressando-se em dar conselho, em dizer que o que acontece com ela não tem importância ou que é algo que ocorre com todo mundo. Outra dificuldade para a escuta por parte do acompanhante está na tendência de julgar, impor suas próprias ideias, rotular.

A escuta ativa

🖎 A arte de ouvir pode ser reforçada pelos modos da escuta ativa. Para isso:

– Precisa dispor-se a ouvir, concentrando-se totalmente no outro. Manter sempre o contato visual.

– Levar em consideração o que o outro diz e como diz.

– É necessário que haja conexão emocional com ele.

– Mostrar ao outro como seu corpo está posicionado. Sintonizar-se física e vocalmente.

– Usar expressões que reforcem ou o animem a continuar falando.

– Dar espaço ao outro. Fazer silêncio para que o outro fale, convidá-lo a prosseguir, sem interrompê-lo.

– Escutar sem nunca julgar.

– No tempo em que estiver ali disponível, ficar e ouvir com a máxima atenção. Se não houver muito tempo, não mostrar pressa. Se for necessário, deixe para outro momento, porém, durante o encontro, seja caloroso, através de gesto, olhar, carícia, toque no ombro, um abraço.

– Mostre empatia, diga a pessoa que a entende, que a compreende, que aceita sua situação ou confusão, sem julgamentos.

Instrumentos para melhorar a escuta ativa

🖋 Existem diversos instrumentos ou "técnicas" que permitem melhorar a escuta ativa. Os mais comuns e eficazes são:

– *Parafrasear* o que o outro disse. Consiste em dizer com suas palavras aquilo que compreendeu que o outro quer dizer. Dessa maneira, mostra que está entendendo. Isso pode ser feito com uma pergunta ou uma afirmação. Por exemplo, pode dizer: "Isso que você sentiu foi porque...?", "Está me dizendo que não se sentia capaz de...?". Ou então dizer: "Se não estou entendendo mal, o que acontecia era que... E você decidiu... É isso?".

– Diga frases que reforçam o que ele diz: "O que está me contando é extraordinário", "Deve ter sido muito duro viver assim", "Gostei de ver como enfrentou o problema", "Eu fico pensando no que você me diz" etc.

– Resumir o que o outro comentou e perguntar a ele se é isso mesmo: "Ou seja, o que aconteceu foi que... Está certo?", "Se entendi corretamente, o que essa pessoa fez foi... Está correto?", "Estou no caminho certo?", "Tenho a sensação de que...".

– *Procurar usar a empatia com o outro expressando os sentimentos que está captando*: "Parece que você estava entediado", "Você parece cansado", "Parece um pouco nervoso"... Podemos também imitar a mesma expressão das emoções que percebemos.

Além disso, é preciso que se leve em conta o que pode estragar a escuta ativa:

– Dar ao outro uma resposta moralizante, fazer um julgamento ético sobre sua situação.

– Interpretar o que o outro diz, baseando-se em seus próprios esquemas, faz com que ele se sinta incompreendido.

– Minimizar ou diminuir o drama do que acontece com o outro, dizendo, talvez, que isso ocorre com outras pessoas e que não tem muita importância.

– Dar uma "receita rápida" para solucionar o problema, em vez de atender a pessoa e sua dor.

7. Descobrimos as necessidades

Acompanhar significa ajudar o outro a descobrir quais são suas necessidades mais profundas, que agora sente como carência, como dificuldade.

Onde está a dificuldade? A dificuldade é a mesma gerada pelo sentimento ou pelo sintoma em que se manifesta?

Ao acompanhar ajudamos a pessoa a expressar suas necessidades e aquilo que a incomoda. No entanto, precisamos deixar claro que *o objetivo de um acompanhamento não é eliminar sintomas que incomodem.* Esses sintomas são manifestações da necessidade. Em vez disso, é preciso "lê-los".

O sintoma tem uma função: dar pistas de qual é a necessidade. Se alguém tem ansiedade, é para que perceba que assumiu muito trabalho ou que o está fazendo mal; se o filho adolescente tem reações agressivas, talvez seja para que seu pai o entenda um pouco mais. O pior não é quando acende a luz da falta de combustível, e, sim, quando falta gasolina. Portanto, a atitude mais adequada no acompanhamento não é ter pressa para eliminar sintomas, e, sim, procurar entender a mensagem que aparece, a que problema ou dificuldade eles remetem. Depois, podemos tentar aliviar o sofrimento do sintoma. A tristeza, ansiedade, mau humor – dele mesmo ou de outros – nos trazem mensagens que precisamos saber entender.

Por outro lado, *não é necessário enfatizar a palavra "problema"*, pois falar nesses termos fornece uma seriedade desnecessária e talvez o torne crônico, o rotule como uma realidade irreversível. É melhor falar da necessidade, da situação, do que se quer mudar. *Observe que não falamos aqui de problemas, e sim de necessidades.*

Essas necessidades podem ser descobertas ou perfiladas, entre outras maneiras, por meio de hermenêutica afetiva (isto é, interpretando seus sentimentos), por suas queixas, indagando sobre seus gostos e desejos, tentando visualizar um futuro perfeito para essa pessoa, por suas perguntas. Para indagar sobre suas necessidades, utilizaremos as perguntas.

Em quais aspectos precisamos prestar atenção? Até onde você deve direcionar, através de perguntas, o olhar do acompanhado?

– Em primeiro lugar, *atenderemos àquilo que se manifesta e que é sentido como problema.* É preciso perceber até que ponto é uma situação problemática ou se simplesmente é percebida assim pelo acompanhado, dada sua interpretação da situação. Vamos cuidar disso quando falarmos sobre a reformulação.

– *Se não é um problema que pode ser resolvido* (descobrindo que é ficção ou criado pela imaginação), *terá que manejar reduzindo-o a seus elementos básicos, aos termos justos e tomando consciência das situações de exceção ou dos "bons tempos" ou "menos ruins" que, sem dúvida, ocorrem, mas que geralmente não são atendidos.* Assim, se nos dizem: "Tenho uma angústia permanente", poderá perguntar: "Permanente? Sempre tem? Quando ela é mais pronunciada?". O objetivo será concentrar-se nos momentos em que realmente surge a situação difícil ou desajustada. Por isso, é preciso "desativar", com perguntas, generalizações do tipo "está tudo mal", podendo contestar: "Tudo? Me fale de coisas que vão bem e de pessoas que fazem bem a você". Isso nos levaria a uma questão mais justa.

✋ Por trás de todas essas necessidades imediatas, existem necessidades existenciais profundas. Por isso, é preciso estar aberto ao que o acompanhado está comunicando, mas convém ir adiante, tomando consciência do que toda pessoa precisa, de suas necessidades mais profundas, para ajudá-lo a viver segundo sua verdade mais profunda. É preciso analisar quais necessidades não estão satisfeitas e qual delas ele desconhece.

Nesse sentido, descobrimos *vários níveis crescentes da necessidade humana*, sendo as três primeiras expoentes de déficits (naturais ou induzidos) e as outras expoentes do dinamismo da realização da pessoa. A insatisfação de qualquer desses níveis traz consigo situações que inquietam e desestabilizam:

– Necessidades biológicas ou necessidades primárias.

– Necessidades psicológicas ou secundárias (bem-estar, domínio, segurança, curiosidade).

– Necessidades sociais ou terciárias (induzidas pela publicidade, antecipação de prêmios).

– Desenvolver possibilidades ou projetos. Ampliar a possibilidade de ação.

– Realização pessoal, crescimento: desenvolvimento para a plenitude, com outros e para outros.

– Consciência de um valor, de um ideal, de transcendência, de um sentido.

– Necessidades espirituais e religiosas. Necessidade de Deus. Necessidade de um sentido, de convicções, esperanças e amores. Propedeuticamente: silêncio, escuta.

🔑 É importante não cair em dois erros:
– Cuidado com um acompanhamento que prenda a pessoa em sua imanência! Precisa abrir ao transcendente, aos valores, aos ideais, a Deus, àquilo em que a pessoa encontra sua verdadeira liberdade.
– Cuidado com o desejo do acompanhado de ancorar-se na queixa. Claro que precisa deixar espaço para a queixa, para expressar o sofrimento. Mas, uma vez dado esse espaço, não podemos divertir-nos com isso nem permitir que o acompanhado o faça, pois seria uma forma de ruminação que é preferível impedir.

O que pretendemos é, enquanto as necessidades são expressas, buscar, o mais rápido possível, soluções, caminhos, mudanças. Trata-se de centrar a atenção não nos problemas e sim nas soluções; não no deserto, e sim no oásis, não no passado e sim no caminho ao futuro.

Perguntas orientadas a descobrir necessidades

🔧 Sugerimos diversas perguntas para ajudar o acompanhado a especificar e resumir suas necessidades imediatas:

– Como se sente? Por que acha que está se sentindo assim? Do que esses sentimentos e sensações estão falando? Até onde você quer ir?
– Quais são suas principais queixas? O que acha que falta em sua vida?

– O que gostaria de ter?

– Numa situação ideal, do que ter-se-ia livrado, eliminado? O que teria conseguido?

– O que gostaria que acontecesse para se aproximar de seu objetivo?

– O que não tem e realmente quer em sua vida?

– O que tem e realmente não quer em sua vida?

– O que você precisaria ser?

– O que está faltando em sua vida?

– Por que ainda não fez isso? Por que não está fazendo?

– O que o está impedindo? Quem o está impedindo?

De qualquer forma, como indicamos, não é apropriado "ruminar" o conflito. É preciso expressar os sentimentos para fazer a drenagem emocional, porém, orientar-se imediatamente para tomar a solução. A queixa e a vitimização são formas de imaturidade, de fuga, que não ajudam a crescer nem a enfrentar a vida.

Que significado tem o que sinto?

Todo afeto nos traz uma mensagem que ajuda a nos conhecer melhor e a conhecer melhor nossa situação.

Para que uma pessoa se conheça, é preciso começar tendo consciência de seus afetos, pois são a *reação interior ante a importância daquilo que a faz presente*. É preciso levar em conta, além disso, que *muitas vezes não reagimos ante o que ocorre, e sim em função das nossas interpretações do que ocorre*, por sua vez, mediadas por mágoas passadas. Quer dizer, muitos de meus medos, tédios, preocupações, tensões, tristezas, não surgem por alguma coisa que acontece, e sim pelo que imagino que ocorre ou que vai ocorrer.

> O acompanhado precisa aprender a conhecer seus afetos, perceber sua ressonância corporal, aceitá-los, interpretá-los e compreendê-los (hermenêutica afetiva) e administrá-los.

Para isso, é preciso levar em conta:

— Pode acontecer de *alguém negar a existência do que sente*; ou que sinta, mas não saiba expressar; ou que sinta, mas não expresse adequadamente; ou que sinta e expresse adequadamente, com controle. De fato, Carl Rogers explica como a maturidade pessoal acontece desde a negação ou o não reconhecimento dos próprios sentimentos, até sua percepção e livre expressão.

— *Os afetos não são bons nem maus: são manifestação do que somos e de como estamos.* Portanto, é importante adquirir uma atitude de não se negar, de abertura à expressão do nosso eu mais profundo. Trata-se de tomar consciência dos sentimentos quem sabe ocultos ou reprimidos durante muito tempo.

— *Os afetos (sentimentos ou emoções) sempre ressoam no corpo: atender ao corpo é a primeira via para encontrar-se com os próprios sentimentos.* Para isso, devemos expressar, contar ou verbalizar o que sentimos. Também é importante tomar consciência da intensidade do sentimento. Então, é preciso perguntar, além do que sinto, desde quando sinto isso, quem provocou e o que aconteceu então. Com essas questões, diversas imagens irão sendo evocadas e surgirão conexões entre as reações do presente e as situações não resolvidas do passado. *Verbalizar cura e libera, porque evita que se guardem imagens e que os afetos apodreçam interiormente, permitindo assim que a pessoa exista.*

— *A aceitação afetiva* permite que a pessoa diga: "Eu sinto...", aceitando o que sente como sentimento próprio, como situação própria, como manifestação do próprio interior. Aceitar-se quer dizer aceitar inseguranças, fracassos e mal-estares.

☞ Além de entrar em contato com o sentimento, torna-se imprescindível uma interpretação do que sentimos, para saber reconhecer a mensagem que tem o afeto, positivo ou negativo. Os afetos podem ser adequados à realidade, ou, pelo contrário, desproporcionais, distorcidos ou inadequados. Nesse caso, podem perturbar gravemente a vida da pessoa e levar a grandes sofrimentos. No entanto, esses transtornos, que normalmente os psiquiatras, e também algumas correntes psicológicas, têm interpretado como sintomas "patológicos", são também susceptíveis de uma leitura positiva, porque dão pistas sobre a pessoa e sobre o que ela precisa. Por isso, para a leitura positiva, personalizante, do afeto, podemos nos ater a três critérios hermenêuticos: *o que, o como e o para quê.*

– *O que o afeto evidencia:* a função do afeto negativo é a de mostrar ou dar um sinal de alarme de que a pessoa não está podendo crescer, de que suas potencialidades estão comprimidas ou alienadas, de que alguma coisa a impede de realizar sua orientação vocacional ou de que existem obstáculos em sua abertura aos outros, isto é, a evidência é o sinal de alarme de que ela não consegue crescer ou se realizar, de que alguma coisa a impede ou bloqueia. *A função do efeito positivo* é mostrar a adequação da situação com a pessoa.

– *Em que consiste o afeto:* o segundo motivo do afeto negativo é o da *compensação*, permitindo mascarar a dor de não poder crescer e viver como uma pessoa plena. O afeto negativo mostra uma forma de a pessoa ser, uma forma de ser que a pessoa *quer*. Não deseja isso, sem dúvida, mas a quer, porque estabiliza sua vida enquanto não "corrige" ou não modifica o que vai mal. Estar triste, ou deprimido, ou angustiado, é uma forma de ser. É a maneira *provisória* que a pessoa tem de manter uma identidade, uma coerência, um centro, uma afirmação de si. É uma maneira de se reorganizar para não se desintegrar, quando não sabe, ou não pode, ou não quer enfrentar os problemas de sua existência pessoal. *No caso do afeto positivo, este é uma manifestação da plenitude que se vive, de que a situação está adequada à pessoa e à sua plenitude.*

– *Afeto como impulso.* Em terceiro lugar, o afeto negativo constitui um impulso para *resolver a situação*, dado o incômodo e o mal-estar que ela produz. Constitui, portanto, uma oportunidade que a vida pessoal oferece e a própria realidade, para que a aceite, que intervenha, enfrente o profundo significado que brota de seu ser e para que se abra aos outros. Os afetos negativos são uma crise que se converte em *oportunidade* para o crescimento, para um maior nível de plenitude. No caso do *afeto positivo*, este mostra o caminho pelo qual devemos continuar caminhando. Tem um sentido *confirmatório.*

O mais importante é tomar consciência do motivo de termos esse afeto, pois nos mostra qual necessidade profunda possuímos.

Vamos ver como isso se concretiza para vários afetos positivos e negativos.

Significado dos principais afetos

✒ Apresentamos um quadro com algumas pistas para interpretação ou hermenêutica dos afetos.

Afeto	Evidência.	Consiste em (compensação ou realização).	Impulso para (resolver ou confirmar).
Gratidão	Conhece e reconhece os dons recebidos.	Resposta de agradecimento.	Confirma a abertura ao dom e à própria carência.
Alegria	Encontro com o que nos faz sentir plenos.	"Dar de si", experiência prazerosa rumo à plenitude.	Confirma a importância do que foi vivido ou encontrado.
Esperança	Somos seres prospectivos e nomeados, abertos para o futuro.	Abandono nos braços da realidade, consciência de que nem tudo depende de mim.	Confirmação de que devo continuar vivendo, confiando (no real, no outro e em Deus), comprometendo-me.
Admiração	Importância de um valor ou de um ser.	Resposta ante o que é importante e grande.	Confirma o que é relevante e a abertura ao que é relevante.
Ciúme	Insegurança, relação empobrecida com os outros, falta de confiança.	Possessividade.	Revela a necessidade de amar e me amar, e nos impulsiona a isso.
Hedonismo compulsivo	Carência de sentido e objetivos, medo do futuro, raiva reprimida, não saber saborear o aqui e agora.	Fuga da realidade para um mundo imaginário que aparenta levar à plenitude.	Revela que somos chamados à plenitude, à fecundidade, e nos orienta a isso.

Cobiça	Não valoriza o que tem e o que é, insegurança diante do futuro, substitui o ser pelo ter.	Encher-se de coisas, de bens, de conquistas, de dinheiro.	Revela que está precisando preencher sua vida com algo grande e reconhecer seu próprio valor.
Melancolia	Frustração, perda, o eu ideal não é alcançado por não aceitar que não é Deus, aprendeu o desamparo.	Desativação, desânimo.	Revela a limitação pessoal e a necessidade de aceitar a realidade.
Ira	Demonstração de ofensa ou falta de significado. Compensação de uma fraqueza.	Compensação de uma falta de identidade ou da capacidade para resolver um problema.	Pode revelar a necessidade de um significado e afrontar a realidade ou a necessidade de defesa pessoal ou de uma solidez pessoal.
Preguiça	Fuga do real. Não aceitar o que a realidade traz, ou o que não gosta.	Desestabilização, passividade, fuga do aqui e agora.	Revela a necessidade de encontrar um porquê e de melhorar o ânimo.
Vanglória	Depende do julgamento dos outros. Pouca segurança em si mesmo.	Quer mostrar o quão importante é.	Convite a se valorizar, sentir-se amado.
Inveja	Falta de amor a si mesmo e falta de valorização do que há de bom em sua vida.	Tristeza diante da alegria do outro.	Convite a valorizar a si mesmo e ao que tem. Sentir-se amado.

Soberba	Você não vive de si mesmo, mas do personagem. Fuga da realidade. Impossibilidade para o encontro.	Sentimento de grandeza que oculta toda limitação.	Revela a necessidade de abrir espaço ao outro, do encontro com o outro e de reconhecer a própria limitação.
Culpa (não neurótica)	Começou uma desordem na realidade.	Remorso, necessidade de reequilíbrio interno, de perdão, de refazer o que foi desfeito.	Revela a necessidade de corrigir, melhorar, crescer, mudar o caminho.
Ansiedade	Antecipação de ameaça ou perigo que, por falta de recursos, achamos que não conseguimos enfrentar.	Medo e excesso de ativação.	Revela a necessidade de pôr ordem na vida, adequando os objetivos às possibilidades, bem como de mudar a interpretação errônea da situação.

8. Descobrimos valores, ideais e, a partir disso, objetivos e metas

Uma vez consciente da necessidade, convém olharmos para a frente e para cima. Olhar o passado não modifica o comportamento e não produz mudança. É preciso olhar para o caminho que podemos percorrer, para o futuro, para a solução e para a situação ideal onde gostaríamos de estar, para o que poderia acontecer, fazendo com que brote energia para a mudança, o desejo de nos aproximar desse ideal, colocar em jogo nossos potenciais. Trata-se, assim, de deixar de nos prendermos ao presente para poder ir ao encontro de novas formas de agir e de ser.

Os ideais

Se já tomamos consciência das carências e necessidades do acompanhado, chegou o momento de ajudar a pessoa, ou o grupo que acompanhamos, para que descubra "até onde" ir.

A maior parte das pessoas vive sem planejar diariamente até onde ir. E muitas jamais pensam nisso: vivem o dia a dia, o momento imediato, sem maiores planejamentos. Mas, na realidade, toda pessoa, inconscientemente, sabe que há ações, decisões ou atitudes importantes, que nem tudo é igual, que existem preferências, que ela sempre prefere pensar no estilo do outro, que aconteçam certas coisas ao outro. Isso responde a uma obscura consciência de ideais, de valores. Convém ter consciência disso para poder, então, em função desses ideais e das carências descobertas, poder propor objetivos, desafios.

> ✋ *O ideal* é, portanto, o conjunto de valores que experimento como referência às minhas próprias possibilidades biográficas. Trata-se daquilo que, de fato, orienta minha ação, minha vida pessoal. É um convite pessoal para percorrer meu próprio caminho. Portanto, o ideal traz consigo uma trajetória vital que se apresenta como valiosa e apropriada para cumprir meus desejos de plenitude.
>
> Essa experiência do ideal ocorre em um relacionamento pessoal (com quem eu amo, com quem ajudo, com Deus), ou na realização prática de certos valores. Portanto, diante das ideias, que são abstratas e não levam à ação, os ideais são concretos, experienciais e levam à ação, dão lugar a um estilo de vida. Assim, podemos dizer que, para um cristão, o ideal é sua relação pessoal com Cristo e sua relação amorosa com os demais; para um apaixonado, o ideal é que sua relação com a amada se realize; para um orientador vocacional, o ideal é o trabalho de promoção pessoal integral de seus alunos; para um músico, o ideal pode ser a beleza através da criação ou interpretação de obras musicais; para um pesquisador em biologia, o ideal pode ser a descoberta ou a aplicação médica de uma nova molécula.

Em resumo, o ideal é o evento de experimentar um relacionamento com alguém ou com algo que me transcende e me oferece um significado: Deus, outra pessoa, a verdade, o bem ou a beleza.

O ideal de vida:

– É o que move as pessoas a perseguir suas metas além do que foi determinado de imediato, mostrando quem ela poderia ser, quem foi chamada a ser, ao convidá-la a trilhar o caminho entre quem ela é e quem foi convocada a ser.

– *Sentir-se chamada*, apresenta-se como um "para quê" da própria vida, como promessa de sentido que cumpre as mais profundas exigências do próprio ser: é o caminho particular para a plenitude. Mas essa chamada ao ideal deve acontecer de acordo com os valores que fazem de mim uma pessoa melhor. Pode acontecer que um valor mais baixo seja estabelecido como uma meta absoluta na vida (dando lugar a falsos ideais, como conseguir ganhar dinheiro, ter sucesso, seu time de futebol vencer o campeonato, estar bem alimentado ou manter um corpo sempre jovem). Esses são os falsos ideais, porque não têm "potência" para iluminar uma vida toda, em todos os âmbitos e o tempo todo.

– *Consegue apresentar diversos níveis não excludentes*. Algumas pessoas recebem uma chamada no âmbito de sua vida profissional ou familiar. Para outras, o ideal se plasma em um tipo de vida que realiza valores além das necessidades imediatas, como acontece com quem se dedica a outras pessoas, a uma tarefa artística, científica, espiritual ou criativa. Para alguns, envolverá *ações comuns* (ou, melhor, viver extraordinariamente o que é comum). Para outros, implicará o *extraordinário* (dado o nível de dedicação, o estado de vida, a renúncia que isso implica etc.). Em todo caso, o ideal de vida fica demonstrado nos valores espirituais, éticos, religiosos, políticos, intelectuais ou estéticos, que se realizam na ação. Muitas vezes *em dois ou mais âmbitos por vez* (por exemplo, naquele que por sua fé realiza um determinado ideal teológico, filosófico, investigativo, ou aquele em que seus ideais éticos o levam a uma atividade política, ou de voluntariado, ou social etc.). Cada pessoa, se estiver aberta e desperta, portanto, vai se conscientizando de qual é seu próprio ideal. E saberá que é o seu ideal pela *alegria* em sua realização, por todo seu contentamento.

Em geral, para descobrir o ideal de vida é preciso ter consciência da própria hierarquia de *valores* através das ações que leva a cabo. Se fazemos alguma coisa, é porque consideramos importante. Portanto, o que fazemos, fazemos porque responde a nossos próprios valores. Trata-se de descobrir, através do que se faz e deseja, o que, na prática, ele considera mais valioso. Se digo que para mim o esporte é muito mais importante e, de fato, não dedico tempo a nenhuma atividade esportiva, não é um ideal autêntico. No máximo, é uma ideia, uma ideia de que algo é valioso, mas não um valor ideal. Se digo que, para mim, a família é o mais importante e não dedico tempo para meus filhos e minha esposa, estamos diante de um mero ideal pensado.

Devemos distinguir, portanto, entre *as ideias de valor ou valores pensados* (que são pensados como ideais, mas não vão além de serem ideias) e *valores vividos* (que, de fato, governam ações e são considerados ideais reais, isto é, que de fato guiam a ação). Muitas vezes, as ideias daquilo que é considerado importante e os ideais podem não coincidir, como, por exemplo, no caso de alguém que se diga cristão e na prática é o desejo de dinheiro que o move, ou daquele que é lutador pela igualdade e justiça, mas trata com discriminação algum membro de sua família ou um subordinado seu no emprego. Cada um descobrirá, enfim, sua hierarquia real de valores através de suas ações e opções.

🔎 Quando o valor mais baixo é colocado como um horizonte de valores, não se tem mais um ideal, mas um ídolo, um horizonte falso, cuja conquista empobrece e esteriliza a pessoa. Falsos ideais são aqueles que surgem dos estereótipos sociais ou das ambições e desejos irreflexivos ou dos desejos do outro sobre mim. O ideal autêntico está polarizado sobre os valores espirituais e pode ser predominantemente intelectual, estético, político, ético ou religioso.

Perguntas para descobrir a situação ideal

🗡 Para descobrir a situação ideal e o próprio ideal de vida, podemos utilizar diversas perguntas. As primeiras que propomos dizem respeito aos ideais imediatos:

– Qual seria, para você, a situação ideal? (em sua família, em seu trabalho, em sua vida afetiva, em geral...).

– Qual seria uma situação de sucesso? O que você sentiria?

– Como seria, para você, uma situação perfeita?

– O que precisa haver de novo em sua vida para alcançar essa situação ideal?

– O que gostaria que acontecesse e que ainda não ocorreu? Quanto isso depende de você? (Lembre-se agora dos estilos de atribuição.)

– O que gostaria de fazer na vida, antes de morrer, que ainda não foi possível? Quais são seus assuntos pendentes?

– O que o impede de fazer isso?

– O que lhe daria mais paz?

– O que lhe daria mais alegria?

– Se viesse uma "fada madrinha" real ou o Aladim, com sua lâmpada maravilhosa, e lhe perguntasse quais são os seus três desejos, o que você diria? Pode pedir sem pensar em limites. Se você perguntar e ele disser: "Peça mais", o que pediria?

– O que você teria que fazer hoje para conseguir esse ideal?

– O que você ganha e o que perde ao realizar seu ideal?

– A que teria que renunciar? O que teria que mudar? O que teria que fazer?

🪶 Outras perguntas que *têm* a ver com ideais mais profundos que a pessoa pode ir descobrindo, os grandes ideais, os de segundo grau:

– O que é realmente importante para você? Não é ruim usar a visualização do momento da morte ou de uma doença grave. Visto por esse ângulo, o que seria realmente importante?

– Quem você ama realmente?

– Quais são suas esperanças? O que você espera? (é medido pelo que se compromete).

– Em que você crê?

– O que o faz mais pleno, mais sereno? O que lhe dá mais alegria e o deixa mais em paz?

Em todo caso, não se deve ir além do que o acompanhado propõe e enxerga. Porém, com nossas perguntas, podemos ajudá-lo a apontar além, para que seja ele quem formule as questões de fundo.

Os objetivos ou desafios

✐ — Você se importaria de me dizer, por favor, qual caminho devo pegar? — disse Alice.
— Isso depende muito para onde você quer ir — disse o gato.
— *Não me importa muito para onde! — disse Alice.*
— Então vá para qualquer direção — disse o gato.

Lewis Carroll, Alice no país das maravilhas

✦ Não há vento bom, se não se sabe para onde navegar.

✋ Os desafios ou objetivos são metas parciais para onde podemos dirigir ou orientar nossas ações e resolver nossas dificuldades, carências ou problemas. São as soluções reais em que podemos tentar enfrentar a situação incômoda, dolorosa ou inadequada em que nos encontramos.

A pergunta sobre os objetivos depende da descoberta de sua razão de ser, dos ideais que compartilha, do que considera valioso ou importante.

A partir desses valores e ideais, é possível descobrir quais podem ser os objetivos. Mas, acima de tudo, eles são descobertos pelas carências: sinto falta de alguma coisa, porque é falta de alguma coisa importante.

Ao visualizar ou imaginar a situação ideal fica mais fácil pensar em soluções que nos levem a esse ideal. Essas soluções são os objetivos ou metas que perseguimos de fato. Portanto, essas metas precisam ser coerentes com nossos ideais, com o que queremos como situação "ideal".

Se meu ideal é diminuir o nível de ansiedade com que vivo, um objetivo específico pode não ser o de aumentar minhas ocupações inscrevendo-me em um curso de psicologia sobre ansiedade, porque isso aumentaria minhas atividades e, com isso, a ansiedade. Se meu ideal é conseguir que meu filho seja menos agressivo e rebelde, meu objetivo não pode ser repreendê-lo com firmeza e ser duro cada vez que ele tiver um surto pelo mau humor, porque isso aumentará o problema. É preciso formular, portanto, *objetivos coerentes*.

Mas esses objetivos também precisam ser *factíveis, alcançáveis*. Para conseguir que as soluções sejam factíveis, ajuda perguntar, talvez já nas primeiras sessões, pelas situações em que o motivo da queixa, o sintoma ou a dificuldade não ocorra. Isso já dá pistas sobre que objetivos e soluções são factíveis.

Os objetivos têm que ser *expressos de modo positivo*. Não serviria, por exemplo, formular o objetivo dizendo: "Quero que meu filho não responda com gritos ao que lhe peço", e sim: "Quero que meu filho me ouça com atenção e responda positivamente e com calma ao que lhe peço".

Distinguimos dois níveis nos objetivos: objetivos de primeiro grau e objetivos de segundo grau.

– *Os objetivos de primeiro grau* são aqueles que procedem das necessidades mais decisivas. Estes são os objetivos imediatos que queremos atingir para resolver algo que não é apropriado em nossas vidas diárias. Trata-se de estabelecer objetivos que podem ser a solução a respeito das carências imediatas ou das dificuldades concretas, como podem ser "quero que meu filho pare de ter atitudes agressivas", "quero conseguir dialogar sem briga", "quero poder ter mais tempo juntos", "quero que minha filha se comunique comigo", "quero ser capaz de enfrentar bem este problema de trabalho ou da minha vida cotidiana". Esse tipo de situação são o que as pessoas detectam e expressam em primeiro lugar. Para cada dificuldade ou situação inadequada, pode-se formular um objetivo concreto. Por exemplo, se a carência ou situação diz respeito a abandono físico (que traz como consequência aumento de peso, baixa autoestima ou dor no joelho ou nas costas), uma meta imediata será começar a caminhar uma hora por dia. Se o problema imediato produz certo nível de ansiedade contínua, metas de primeiro grau seriam procurar descansar mais diariamente, aprender a regular melhor o trabalho ou recusar aquela carga ou responsabilidade extra que adquirimos.

– Entretanto, além das necessidades imediatas e das metas concretas, que são as que a pessoa ou o grupo irá verbalizar, existe outro nível de metas e objetivos que talvez a pessoa a quem acompanhamos hoje não considere. Trata-se de outras metas possíveis, mais profundas, que respondem às necessidades que vêm do âmago, carências ou problemas mais íntimos, que vamos chamar de *metas ou objetivos de segunda ordem*. Assim, em caso de abandono físico, a meta de segunda ordem é o cuidado de si e, possivelmente, o amor a si mesmo. No segundo caso, se alguém sente ansiedade pela sobrecarga de trabalho, precisará se perguntar "para quê" quer trabalhar tanto, quem ela precisa contentar, o que quer demonstrar a alguém e por que sente essa necessidade. Quem sabe tenha chegado a hora de se perguntar por seus ideais profundos ou por sua autoestima. Quem tem baixa autoestima geralmente busca mecanismos compensatórios para sentir-se alguém ante si mesmo e ante os demais. Portanto, nesse caso, a meta da segunda ordem seria melhorar a autoestima. Em todo caso, os objetivos de segundo grau radicais são a *plenitude pessoal* e o *sentido da própria vida*. Pelo significado, sou capaz de reinterpretar de maneira positiva as dificuldades; e o desejo de plenitude pessoal funciona como motor para as metas de ordem inferior. Entretanto, esses objetivos podem ser descobertos como ponto de chegada, não como ponto de partida.

🔧 Convém começar pedindo ao acompanhado que expresse suas necessidades imediatas, empíricas e, com base nisso, aceitar respeitosamente os objetivos específicos de primeiro grau, que está sendo descoberto, para a partir deles chegar à plenitude.

No primeiro caso, são necessárias *perguntas não diretivas* (para descobrir e verbalizar os objetivos primários), e *perguntas diretivas* no caso de objetivos de segundo grau. Estas seriam as perguntas socráticas.

Em cada pergunta *procuramos pelos objetivos, o lugar aonde se quer chegar*, definimos o ponto de vista. Ter um "para quê" mobiliza a pessoa a consegui-lo. Ter um objetivo mobiliza a vontade. O que vai depender das nossas crenças e valores. Isso pode se concretizar em uma visão e na descoberta de sua missão, o "para quê" de sua vida, de sua chamada.

Por último, *as metas ou objetivos precisam ser tão concretos que esteja muito bem definido o que se pretende, como e quando vai acontecer*. No *coaching* geralmente dizem que essas metas precisam ser SMART, que é um acróstico de: *específicas, mensuráveis, ambiciosas, relevantes e provisórias*. Além disso, essas metas precisam ser *realistas* (no duplo sentido de se referir à realidade concreta do acompanhado e de ser viável). Não será uma meta realista e que pretende fazer mudanças radicais em pouco tempo ou que proponha ações que sejam impossíveis de serem feitas dadas as circunstâncias da pessoa.

Para situações que afetam várias pessoas (como no caso de uma família ou grupo de trabalho), os objetivos, ademais, precisam ser *compartilhados*.

Perguntas para concretizar os objetivos

✔ Para ajudar o acompanhado a concretizar seus objetivos, podemos fazer diversos tipos de perguntas:

– O que você teria que fazer hoje para se aproximar desse ideal?
– O que teria que acontecer que ainda não está ocorrendo? O que mais o alegraria conseguir?
– A que desafios essa necessidade lhe conduz? O que pode fazer, concretamente, para enfrentá-la?
– Concretamente, o que você quer conseguir?
– Para que quer conseguir isso?
– O que acontecerá quando realizar o que deseja? O que vai mudar na sua vida?
– A que você teria que renunciar? O que teria que mudar?
– O que vai alcançar com esse objetivo?
– O que o impulsiona a consegui-lo?
– O que é preciso acontecer para que alcance o ideal?
– O que precisa começar a fazer?
– Quando vai fazer isso?
– Quem vai ajudá-lo?
– Qual será o primeiro sinal de que as coisas estão seguindo por um bom caminho?

Técnicas para estabelecer objetivos e desafios concretos

A roda da vida

🖋 Um sistema prático, eficaz, versátil e potente para descobrir esses desafios é chamado, no âmbito do *coaching*, de a *roda da vida*. Consiste em apresentar ao acompanhado uma roda com uma série de seções ou áreas da vida da pessoa com as quais se quer trabalhar ou refletir.

Ao apresentar a roda da vida, a pessoa é convidada a marcar seu grau de satisfação ou realização em cada uma das áreas (pode marcar de 0 ao 10, colorindo o espaço interior do nível atingido). Dessa forma, a pessoa acompanhada (e também o acompanhante) toma consciência de como percebe a situação em que está, sendo esta autorrevelação um ponto de partida para estabelecer objetivos ou desafios.

Uma vez estabelecida a situação de cada área, pergunta-se pela situação ideal que se quer atingir (para estabelecer um equilíbrio entre todas as partes), e, a seguir, pelos objetivos concretos que permitirão alcançar cada um desses ideais. Em particular, esses ideais serão apontados para as áreas com menor pontuação. A seguir, estabelece-se um objetivo concreto para cada uma dessas áreas e ideais que nos levem a essa situação desejada. Lembre-se de que é preciso ter um objetivo SMART, realista e compartilhado.

Copiamos, a seguir, uma versão possível da roda da vida que geralmente pode ser empregada, por exemplo, com jovens estudantes.

Roda da vida

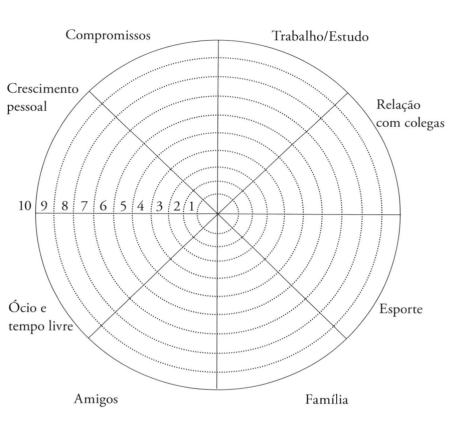

Pergunta de exceção

🔑 Para descobrir uma via possível para solução de um problema e definir, assim, um objetivo, pode-se perguntar, centrando-se no presente ou no passado, quais situações têm sido satisfatórias, apesar de temer que sejam conflitivas, o que aconteceu de positivo que resultou em alívio do problema. Assim, por exemplo, nas relações críticas de pais com filhos adolescentes, pode-se perguntar: "O que acontece de diferente quando vocês se dão bem?", "O que cada um faz de diferente?", "O que ocorre de diferente quando as coisas vão bem?". Detectar essas exceções dão pistas daquilo que é preciso ampliar como meta para conseguir soluções eficazes (porque mostra soluções que, de modo mais ou menos consciente, a pessoa já realizou com sucesso).

O mago Merlin

✦ Conta a lenda que o rei Arthur consultava o futuro com Merlin, que antecipou, então, "eu venho de onde eu vou". O que podemos fazer para imitar o procedimento do mago Merlin é convidar o acompanhado a imaginar o futuro, o mais vivamente possível (em sua melhor versão possível), de modo que, vendo aonde queremos chegar, possamos descobrir – também imaginariamente – o que temos feito para alcançá-lo. Note que dissemos "o que temos feito" e não "o que teríamos que fazer". Trata-se, portanto, de imaginar claramente que já conseguimos o ideal e seguir adiante nos perguntando "o que poderíamos fazer", o que pode levar à vitimização ou ao catastrofismo, com uma resposta inútil: não posso fazer nada. Mas a verdade é que não existem situações desesperadoras, e sim pessoas que se desesperam em certas situações.

Portanto, essa é uma técnica que complementa a anterior: em vez de propor o objetivo, já o imagina realizado e seguimos na direção contrária: imaginamos o que fizemos para conseguir, que obstáculos superamos, o que já iniciamos. É um sistema que rompe os esquemas do presente e permite ir além do "razoável" ou daquilo que hoje se considera como "possível". Por isso, a pessoa vai além de suas previsões e de sua "zona de conforto" atual.

Concluindo, pode-se formular isso da seguinte maneira:

– Como você estará dentro de dez anos (ou ao terminar o curso, ou dentro de vários anos)? Que conquista já alcançou? Como é sua vida? O que já conseguiu? O que sente?

– Quais passos você teve que dar para chegar aonde queria? O que precisou aprender? Quem o ajudou? Quais pensamentos ou comportamentos você teve que abandonar? Que obstáculos teve que superar?

Com essas questões, um pequeno plano concreto está sendo desenvolvido para articular e especificar medidas que podem ser tomadas a partir de agora para alcançar a situação sonhada.

🖉 Walt Disney dizia: "Pergunte-se se o que está fazendo hoje o levará para onde quer estar amanhã", e o filósofo Carlos Diaz costumava dizer: "Os grandes gestos começam com os pequenos gestos, e quem quiser ir muito longe deve começar indo bem perto".

A pergunta do milagre

🖍 Fazer a chamada "pergunta do milagre" também nos conduz à descoberta do ideal e a formular objetivos concretos. Trata-se de dizer ao acompanhado: "Imagine que esta noite, enquanto dorme, acontecesse um milagre e o problema se resolvesse. Como você perceberia o que aconteceu? O que teria mudado?". Isso permite imaginar e sentir um futuro sem esse problema, e podem surgir pistas que indiquem em que direção ir para resolvê-lo.

9. Mobiliza um desejo de mudança

Uma vez que há consciência da situação em que se está e os ideais, valores e objetivos forem descobertos e expressados, a necessidade de mudança fica mais clara para o acompanhado.

Na realidade, estamos sempre mudando. Se parece que as coisas não mudam, não é tanto porque não mudam realmente, e sim porque depende do nosso olhar sobre a realidade, que deve ter ficado congelado e petrificado. As coisas em nossa vida estão em contínua mudança, ainda que as transformações que buscamos sejam as conscientes, construtivas e dirigidas por nós.

Por que, às vezes, o acompanhado não quer mudar?

É preciso que se leve em conta que ninguém quer mudar se não sente necessidade disso. E, às vezes, não queremos mudar por causa dos *benefícios secundários* que nos informam sobre a manutenção do problema ou da circunstância.

Assim, há quem prefira – inconscientemente – continuar triste e depressiva porque dessa maneira não precisará enfrentar responsabilidades e esforços. Ou pode preferir manter o mau humor, a autossuficiência e o isolamento para não ter que enfrentar a dificuldade da convivência empática com os outros (por timidez, por exemplo). Ou, de outra forma, pode preferir ser um pai ou uma mãe permissivos para não ter que passar pelos maus momentos de conflitos com o filho adolescente.

Há pessoas que não querem mudar porque se sentem incapazes de conseguir, geralmente fruto de uma incapacitação: dizer "não posso" disfarça, fica melhor do que "não quero". A pessoa que está deprimida sabe que, se introduzir pequenas mudanças em sua vida (sair e caminhar com alguém durante uma hora por dia, regularizar seus horários, fazer alguma atividade pela qual se interesse), poderá começar a sair da situação em que se encontra, mas argumenta que está sem forças para essas mudanças por causa da depressão: o círculo se fecha.

Diante desse círculo vicioso, pode ocorrer um *círculo virtuoso*: quando uma pequena mudança positiva acontece, a pessoa fica com mais energia, autoeficácia e sente força para buscar metas maiores. Por isso, é preciso propor sempre pequenas mudanças que sejam viáveis. Se o filho faz alguma coisa que agrada o pai, o pai fará algo que agradará o filho, rompendo o espiral de agressividade em que estavam envolvidos. Em geral, uma mudança traz outras e, em grupos, a mudança de um deles leva à mudança dos outros.

O acompanhamento para a mudança passa por várias fases:

– Antes da mudança, a pessoa não tem consciência de si e nem de sua situação. Portanto, não vê qualquer necessidade de mudança.

– A seguir, a pessoa percebe o que acontece e que precisa mudar. Não quer continuar como está, pensando, sentindo ou agindo. Descobre e sente carência. O acompanhante mostra as consequências positivas da mudança. Fala de suas expectativas positivas sobre ela (*efeito Pigmaleão*). É um viés produtivo, quando empregado de modo positivo, pois propõe um impulso positivo no acompanhado.

– Para que o acompanhado enfrente, admita esse desafio e saia da inércia, é necessário que tenha os instrumentos necessários para fazer frente a esse desafio, e que o desafio (ou o primeiro passo até ele) seja viável. Isso significa que ele deve desenvolver sua autoconfiança mediante o enfrentamento exitoso dos desafios cada vez mais ambiciosos. Mesmo assim, o acompanhado terá que descobrir ou explicitar quais são os medos que o impedem.

– Posteriormente, o acompanhado percebe o que lhe falta, se compromete com a mudança, experimenta mudanças nas crenças, emoções, comportamentos. É isso que permite a esperança no processo, pois é o momento em que o desejo se torna operacional e as mudanças concretas são experimentadas. A sensação de poder, de eficácia, cresce.

– Finalmente, o acompanhado não está consciente da mudança, porque a integrou.

🔎 Robert Rosenthal descobriu o chamado *efeito Pigmaleão*, que consiste no fato de que as expectativas que se tem sobre a pessoa que está sendo acompanhada (ou ensinada, ou educada) influem nela. Se as expectativas sobre o outro são negativas, seus resultados serão piores. Se as expectativas são positivas, vai ocorrer um efeito positivo no outro. Sem dúvida, através da linguagem não verbal e de atitudes como o reconhecimento e o apoio, o acompanhado capta que acreditam nele, e isso supõe mais força e confiança na hora de enfrentar seus problemas. O resultado melhora, assim como sua percepção de eficácia e autoestima. Esse é um caso especial do princípio antropológico e psicológico que diz que ser amado traz como resultado uma personalidade madura, resolutiva e com alta autoestima.

Confiar em alguém, enfim, traz consigo uma relação positiva, melhores resultados na atuação do acompanhado, ganho de confiança ao tomar consciência de seus êxitos, o que, por sua vez, estimula e potencializa de modo explícito, expressando a convicção (realista) de que o acompanhado poderá enfrentar a situação em que está. É adequado também desafiá-lo, apresentando as metas como desafios, mostrando que seus pontos fortes permitem essa conquista.

Perguntas sobre a necessidade de mudança

🏃 Para tomar consciência da necessidade da mudança, diversas perguntas podem ser feitas ao acompanhado:

– Se você fosse livre para escolher, que opção faria?

– O que você precisa mudar neste momento para se aproximar do seu ideal?

– A quem teria que dizer adeus na sua vida? A que pessoas, a que costumes, a que pensamentos, a que experiências, a que circunstâncias precisa dizer adeus?

– Que novidade poderia abrir-se em sua vida? Que pessoas, que costumes, que pensamentos, que experiências?

– O que aconteceria se fizesse isso?

– Não pode ou não quer?

– Não pode ou não sabe como fazer?

– Se eu estivesse em seu lugar, o que me diria para mudar em minha vida? O que diria a seu melhor amigo?

– O que faria para conseguir seu objetivo, se tivesse todos os meios e liberdade?

– O que pensa ao considerar fazer essa mudança? Que ideias vêm em sua mente?

– O que sente com essa mudança? Do que tem medo?

– Quais são suas crenças sobre sua capacidade de realizar essa mudança?

– O que você imagina que pode ser um obstáculo em sua mudança? O que poderia fazer para enfrentá-lo?

– Quais as mudanças que enfrentou no passado? Que vantagem conseguiu em sua vida por atrever-se a mudar alguma coisa? Que novidades conseguiu ou introduziu em sua vida? Quais resultados obteve?

– O que teria que fazer para enfrentar essa mudança? O que deve aprender para levá-la a cabo? Quem pode ajudá-lo? Como vai fazer isso? Em quanto tempo quer conseguir isso?

O que reforça a mudança

Para reforçar e incentivar a mudança é importante, em cada sessão, revisar os elementos positivos que foram produzidos desde a última sessão, as mudanças positivas experimentadas durante esse período. Esses são autênticos incentivadores de mudança.

Será importante *concentrar-se especialmente em quais medidas positivas foram tomadas*. São essas pequenas mudanças que vão transformando toda a vida. E, para propor essas pequenas mudanças, é necessário ter informações exaustivas, informações que poderiam até nos paralisar.

É preciso levar em conta que, mesmo antes de propor qualquer mudança, a pessoa já tenha condições de vencer, que são exceções à sua dificuldade.

> Convém perguntar insistentemente ao acompanhado sobre esses momentos de exceção, porque provavelmente ele pode já ter encontrado a solução, sem perceber, e isso ajuda na mudança.

Uma pessoa que quer perder peso, porque para ela é importante, e que tem dificuldade para controlar a ingestão de alimentos, consegue ficar horas, dias controlando perfeitamente o que come (por exemplo, em um dia de excursão a pé, quando faz atividades fora de casa, quando não vê alimentos suculentos na geladeira porque ainda não fez compra...). Exatamente essas exceções dão pistas sobre quais soluções têm funcionado: sair de casa, fazer exercício, não fazer compras compulsivamente. Do mesmo modo, o pai e a mãe que se queixam das birras de seu filho precisam se perguntar quando a criança não faz birra ou quando ela para de fazer. Talvez digam que, quando estão cansados de fazer ameaças, consolar, prometer e acabam ignorando a criança, a birra desaparece. Isso dá uma pista definitiva: não ajudar o filho quando faz birra, dando atenção a ele, porque isso reforça a birra (porque, ao contrário, a birra aumenta quando ele consegue chamar nossa atenção e manipular nossa vontade).

Ao descobrir isso, o acompanhado percebe que é possível mudar e melhorar, porque, de fato, já conseguiu outras vezes. Ter consciência disso produz uma sensação de autoeficácia, de que a pessoa consegue.

Em geral, é mais fácil a mudança quando existe percepção de eficácia. Ninguém muda se não vê necessidade ou urgência de mudar, se não descobre que o que consegue é melhor do que o que tem. Para isso, é bastante adequado perguntar ao acompanhado quando as exceções ocorrerem. Se não ocorrerem exceções totais, pergunte sobre as exceções menos intensas, ou que ocorrem menos vezes...

✱ Outra maneira de aprofundar essas exceções é fazendo as seguintes perguntas:

– O que percebe de diferente quando não acontece isso que me está contando?

– Como conseguiu que isso acontecesse? O que fez de diferente?

– O que aconteceu em você ou fora de você para que se desse essa exceção?

– O que fez as outras vezes para que acontecesse algo positivo?

10. Autoconhecimento e consciência da situação

Ao encorajar a pessoa a tomar consciência de suas necessidades, já começamos a levar o acompanhado a tomar pé da sua situação. As necessidades manifestadas mostram uma situação atual que necessita ser solucionada, enfrentada ou elaborada.

Mas este é só o começo do caminho. É preciso continuar, através de perguntas, fazendo com que o acompanhado ganhe em conhecimento próprio, que tenha consciência de si e de sua situação. Saber onde está é a chave para poder projetar o caminho até onde ele quer ir. O acompanhado precisa explorar e compreender sua situação para depois poder agir de forma significativa.

Conhecimento de sua dignidade e de tudo que for positivo nele

✋ Qualquer processo de autoconhecimento e conhecimento da situação deve ser precedido pelo reconhecimento do acompanhante, de todo o bem que existe no acompanhado, das muitas possibilidades que ele tem e, acima de tudo, do valor da pessoa fora da situação. É aqui que se expressa aceitação incondicional para que ele descubra que sua vida é valorosa, que sua biografia não é um desastre ou uma perda, que sua vida vale a pena porque é única, e que ela é maior do que seus problemas. Diante de tudo isso, é preciso mostrar ao acompanhado que sua vida tem valor e que ele próprio, como pessoa, é valioso. E, se o levamos a se conhecer, não é para que se culpe ou se mortifique, e sim, acima de tudo, para que conheça o que há de bom, para que descubra sua dignidade. A partir daí, poderá descobrir potenciais e capacidades que façam com que enfrente a situação. E, quando descobre as dificuldades e situações complicadas em que está, pode valorizá-las como oportunidades para ter sucesso, como chaves que mostram de que maneira vai agir para corrigir ou sair da situação, o que é uma coisa muito positiva. Nunca se trata de investigar o "erro".

Todos os elementos da situação, flores e ervas daninhas, sons e silêncios, são elementos com os quais construir o caminho da saída, da solução. Descobrir e reconhecer, por exemplo, que membros da família ou conhecidos são muito maltratados, não deve ser motivo de desânimo, mas de alegria, porque essa descoberta que incomoda ou até embaraça oferece as chaves para o que quero fazer para melhorar as coisas.

Depois de ajudá-lo a tomar consciência de sua dignidade, de que sua vida vale a pena, é preciso estar ciente de outros aspectos positivos:

— Convém ajudar o acompanhado a apreciar todas as suas competências, capacidades, esforços e conquistas, as dificuldades que enfrentou. Entretanto, focalizar nos fracassos pode ser desmotivante, enquanto

focalizar nas conquistas é estimulante, promove. O excesso de concentração e de observação do que é negativo afunda a pessoa em uma espiral de impotência. *Por isso é muito interessante convidar o acompanhado para que, no tempo entre as sessões, faça um registro de tudo de bom que percebe em si, em sua atuação, tudo o que gostaria de que continuasse acontecendo.* Geralmente, os acompanhantes pedem um registro de tudo que vai indo mal, para tomar consciência do que está ocorrendo. Se isso servir para ter consciência sobre como agir nessas situações, pode ser interessante. Mas é muito melhor registrar tudo o que há de bom e depois contar a ele. Isso favorece mais a mudança.

– *Convém apreciar também todas as oportunidades positivas, apoio, possibilidades e recursos que o contexto oferece.*

– Aceitamos, sem dar importância nem minimizar (como ocorre quando dizemos: "Isso não é nada", "Ânimo, não é para tanto"), *os efeitos negativos que o acompanhado sente e que o sente como prejudicial.* Deve poder expressar seus sentimentos sem ser julgado. Dar essa possibilidade de evacuação emocional faz com que se sinta aceito e valorizado e reduz a angústia. Essa aceitação permite que, embora se espere que seja responsabilizado, seja aceito e valorizado; mesmo que espere conselhos e palavras moralizantes, receba perguntas e incentivo para procurar alternativas; quem espera receber agressividade como resposta recebe empatia e amabilidade, quem é depressivo recebe valorização e confiança em si, quem tem baixa autoestima recebe quem valorize suas capacidades, quem é inibido encontra quem se comunica com ele de igual pra igual, quem recaiu recebe compreensão e aceitação: desse modo, existe uma experiência emocional que cura, liberta, potencializa, promove. Isso faz também com que não neguem seus afetos nem mudem de perspectiva.

– Deve poder *tomar consciência de quais são as forças que tem e que permitem mudança*: bem-estar, capacidades pessoais, capacidade de comunicação, interação familiar adequada, pessoas que lhe dão carinho, rede social de apoio, trabalho, nível econômico adequado...

Dar-se conta da situação inadequada

Convém deixar claro para o acompanhado que sua "situação" não é uma sentença, algo definitivo e irremediável.

É preciso lhe dar esperança referindo-se à situação como "processo", "crise de crescimento", "momento evolutivo" ou "período transitório". Isso impede que se rotule a situação como definitiva e, portanto, como insolúvel.

Mas não se trata de abrir um processo longo de introspecção e conhecimento biográfico exaustivo. Quem acompanha não precisa de informação excessiva: muita informação pode paralisar aquele que acompanha. O excesso de indagação pode fazer o acompanhado sofrer. Necessitamos de informação justa para enfrentar necessidades e problemas e para que a pessoa conheça, acima de tudo, o que há de positivo em si mesma. O acompanhado precisa ter um *insight* sobre sua situação problemática para que ele veja a solução.

✋ As perguntas que fazemos precisam levar o acompanhado ao *insight*, isto é, o dar-se conta repentino de algo que não entendia, de algo que permanecia velado.

Quando ele descobrir, o acompanhante precisa mostrar compreensão sem julgamento. Em todo caso, nunca se deve "rotular" o acompanhado nem deixar que ele se "autorrotule".

Tomar consciência da situação pessoal é apenas um requisito para buscar caminhos de crescimento e solução. Precisamos ver o que faz de modo inadequado, porém, não para lamentar ou condenar, e sim para ter consciência daquilo que precisa mudar. Em todo caso, trata-se de salvar sempre a pessoa, procurando compreender os aspectos positivos que existem no que faz ou em suas intenções.

– Em primeiro lugar, *o acompanhado precisa ter consciência de como está, do que ele faz, de onde está nesse momento, de como se vê, de como se valoriza, do que realmente pensa, do que sente, do que seu corpo manifesta, dos resultados que obtém, de como se relaciona, de como desempenha seus papéis, de como afeta as pessoas com quem convive e como elas o afetam, de sua situação pessoal, profissional, social, das características biográficas básicas.*

– Deve ter consciência de *seu comportamento e estilo de vida*, especialmente. Compõe o comportamento o modo de agir, mas também o de pensar e sentir. Conforme for sua experiência, seus modos de pensar, sentir ou agir, eles podem ser fatores que possibilitem e ofereçam recursos, ou barreiras e obstáculos, forças ou fraquezas.

– Convém também *conhecer e tratar de seus contextos: social, familiar, profissional, das amizades, do ócio etc.* Tudo isso influi na situação e pode tornar-se recursos de proteção ou obstáculos e fatores problemáticos.

– É conveniente também conhecer os vieses fundamentais da história pessoal, pois é na biografia que os comportamentos fazem sentido (alguém desenvolve ansiedade como forma de enfrentar uma situação que de outra maneira não conseguiria).

– Precisa *ter consciência de suas fraquezas, dos obstáculos, das ameaças*, de tudo aquilo que o prejudica e que é dele: caráter, afetos negativos...

– É preciso ter consciência, especialmente, de sua *responsabilidade* ao gerar ou manter o problema. Porém, sem tornar a questão doentia ou cheia de culpa. Quando o acompanhado conta os sintomas, as dificuldades, sem se rotular, e mostra o que ele tem de normal, de razoável, de habitual, deixa de olhar para a sua situação como um problema excepcional e pode ter uma atitude mais relaxada. Assim, se mostramos a ele que as reações violentas de seu filho adolescente é manifestação de sua autoafirmação e sinal de seus próprios conflitos não resolvidos, explicando que é normal que adolescentes ajam assim, podemos levar o assunto aos seus limites.

– Por último, é importante detectar fraquezas que *mantêm a situação*: doenças, vícios, pobreza em afeição, mágoas não enfrentadas ou não resolvidas, relações conflitivas, isolamento, agressividade, falta de regras, relações tóxicas, dificuldades de comunicação, falta de habilidades sociais, soluções disfuncionais, crises evolutivas, fatores contextuais (pobreza, desemprego, falta de rede de apoio, isolamento etc.).

Tornar-se responsável pela própria vida

🖐 A pessoa tem que tomar conta de sua vida. Portanto, a exploração da vida de uma pessoa e sua situação devem evitar generalizações ou racionalizações (autojustificativas), porque são formas de evitar sua própria realidade. Em geral, é preciso evitar todos os mecanismos de fuga ou de defesa que o impeçam de assumir sua própria vida: isolamento (dissociar pensamentos e os afetos correspondentes), compensação (equilibrar o que é negativo ou limitações com outras atividades pendentes), anulação (pensar ou recordar de forma contrária qualquer comportamento passado que foi rejeitado por ser negativo), fantasia e mitomania, formação reativa (fazer o contrário daquilo que sente: mostrar afeto ao que se odeia), negação, racionalização (justificar o que se faz com razões aparentes), projeção (ver nos outros a situação sem vê-la em si mesmo)...

Trata-se de considerar as situações, os problemas e a própria vida na primeira pessoa. Aprender a se expressar como "eu quero", "eu penso", "eu sinto". É preciso que o acompanhado cuide da sua própria vida e não veja as circunstâncias como se estivessem distantes dele, fora do seu controle (assim age o que se faz de vítima). Ele precisa falar sobre o que as coisas significam para ele, o que sente especificamente, o que pretende fazer, como as coisas o afetam.

Feedback e confrontação para ajudar o autoconhecimento

Habilidade de dar e receber feedback

Dar e receber *feedback* refere-se à informação que damos ou recebemos sobre nossa conduta, com o objetivo de reafirmar o que há de positivo e mudar o que não é.

O termo inglês *feedback* pode ser traduzido como "retroalimentação". No campo da psicologia esse termo denomina a habilidade social que permite corrigir ou mudar (motivações). Trata-se de dar informação a alguém sobre sua conduta, com o objetivo de reafirmar os aspectos positivos e mudar ou melhorar os que não são.

O *feedback* encoraja aqueles que o recebem a continuarem agindo de certa maneira ou buscando comportamentos alternativos ao que é apresentado como inapropriado, favorecendo, assim, um comportamento a ser corrigido. O *feedback* melhora a comunicação e facilita a mudança.

– Há diferença entre *"feedback" negativo e positivo*. Podemos dar um *feedback negativo*, que consiste em corrigir, centrando nos erros e empregando "me mande uma mensagem". No entanto, isso não é eficaz para promover a mudança.

– Por outro lado, o *"feedback" positivo* foca naquilo que foi feito de bom e que pode melhorar. Para isso, o que se diz deve ser positivo e não ter julgamento, baseado em fatos, propondo ações factíveis e pedindo seu parecer.

✐ Para dar esse *feedback* positivo, os seguintes passos são necessários:

– Começaremos dando informação positiva sobre o que o outro fez corretamente. Usamos frases como "Eu gostei...", "Quero lhe parabenizar por...", "Você agiu bem quando...".

– Propõem-se alternativas reais e factíveis para melhorar algo incorreto (sem usar os termos "mas" e "no entanto"): "Poderia melhorar se...", "E se tentar fazer...?".

✐ Para dar esse *feedback* positivo é preciso levar em conta o seguinte:

– Identificar condutas que possam ser aplicadas.

– Ser positivo. É importante alentar a ilusão e a esperança para seguir o caminho empreendido.

– Ser descritivo e específico: descrever fatos, sem julgamento.

— É preciso fazer isso imediatamente depois de ocorrido o fato que vamos corrigir.

— Propor possibilidades factíveis.

— Expressar-se sempre como uma opinião ("Em minha opinião, isso poderia melhorar se...").

— Pedir *feedback* quando damos *feedback* ("Não sei se estou certo, mas, de qualquer forma, gostaria de saber sua opinião").

— Prestar atenção em como o acompanhado recebe nosso *feedback*, percebendo sua linguagem não verbal, suas reações, como recebeu, se existe algum mal-entendido ou se é melhor esperar um outro momento, outra situação.

— *Confrontação*. A confrontação é uma modalidade de *feedback* que consiste em comparar os comportamentos de uma pessoa com outra para ajudá-la a ver os conflitos e incoerências entre pensamentos, sentimentos e ações. É, portanto, um dos recursos mais importantes para ajudar no desenvolvimento pessoal no acompanhamento.

A confrontação consiste em dar *feedback* a alguém quando detectamos incoerência entre o que sente e o que expressa, entre o que diz verbalmente e não verbalmente, entre o que diz e faz, entre o que digo e disse, entre o que pretende e faz. Podemos formular isso das seguintes maneiras: "Você disse que está bem, mas está chorando", "Você disse que está tranquilo, mas está gritando comigo", "Por um lado, me diz que quer mudar, mas, por outro, continua fazendo a mesma coisa"...

Ao confrontar alguém por sua incoerência (por não agir conforme pensa, ou por pensar algumas vezes de um jeito e depois de outro, ou por agir contra seus valores etc.), levamos o acompanhado a descobrir sua incongruência e, assim, a poder dar os passos pela mudança de que necessita.

> ✦ Para levar uma *confrontação* a cabo é preciso obedecer ao seguinte procedimento:
> — Prestar atenção e observar o acompanhado para, entre outras coisas, identificar e conhecer suas incongruências.
> — Dar um *feedback* positivo em que possa mostrar a incoerência.
> — Mostrar empatia e apoio.

Instrumentos para permitir o autoconhecimento

Um GPS me leva até onde quero ir, na medida em que tem a localização do lugar onde estou.

> ✎ Há muitos séculos, uma pessoa da nobreza entrou na casa do rei para roubá-lo. Quando o roubo foi descoberto e algumas pessoas começaram a desconfiar quem seria o responsável, o nobre bolou um plano malévolo: acusar um camponês e subornar um juiz para conseguir condená-lo. Foi assim que aconteceu: um inocente camponês foi detido como o causador do roubo, e o juiz decretou que o julgamento contra o camponês seria realizado em praça pública. Chegou o dia do julgamento e o juiz disse solenemente que seria a Providência divina que o julgaria. Para isso, o juiz corrupto iria colocar dois papéis dobrados em frente ao camponês: em um continha a palavra "inocente" e no outro "culpado". O acusado teria que escolher um dos dois. Se, ao abrir o papel escolhido, tivesse "culpado", seria executado imediatamente. No outro caso, seria liberado. Naturalmente, o juiz se preocupou em escrever "culpado" nos dois papéis, para que,

fosse como fosse, o camponês fosse acusado. O camponês, com inteligência e calma, percebeu o engodo. Porém, longe de se desesperar, procurou uma solução. E a encontrou! Sorrindo, pegou um dos papéis e o engoliu. Nesse momento, o juiz o repreendeu:

– E agora, como vamos saber o que tinha no papel, se você o comeu?

– Muito simples – respondeu serenamente –, no que ficou coloque o contrário daquele que comi.

E como o que sobrou era o "culpado", saiu livre na hora.

É necessário, então, serenidade para analisar a situação em que estou, para poder encontrar sempre a melhor saída. É preciso aprender, portanto, a diferenciar entre a situação objetiva, a interpretação que dou à situação, os sentimentos gerados por minha interpretação e as consequências da situação.

Para isso, não posso confundir minha situação real com o que penso que esteja ocorrendo. Às vezes, por um pequeno tropeço com alguém que não gostou muito de algo que fizemos, acabo dizendo: "Todos estão contra mim". Essa generalização produz um efeito emocional muito negativo, que, sem dúvida, não responde à realidade, e sim ao que eu mesmo interpreto.

Não devemos confundir, também, a situação com os afetos que são produzidos: um gesto desagradável em um ente querido, quando se espera e precisa de um sorriso, pode produzir pensamento negativo – ele não me quer mais, tem alguma coisa contra mim – e, consequentemente, raiva. Mas a raiva procede do fato de ter pensado que ele não me queria, o que é mera interpretação de seu gesto, pois pode ser que adotou essa atitude porque estava com dor de cabeça ou porque queria ir ao banheiro. Assim, temos que afirmar que não há situações angustiantes e sim pessoas que se angustiam em certas situações; ou não há situações desesperadoras e sim pessoas que se desesperam em certas situações.

✦ Para indagar como é a realidade recorremos, no entanto, às perguntas. Essas podem ser direcionadas:
– À vida em geral.
– A um âmbito real (familiar, educativo, relações com filhos, com a esposa, com a vida interior, na relação com Deus...).
– À perspectiva temporal: o que, do passado, está influindo no presente.
– Como o presente o afeta ou quais as consequências previstas.
– A diversas áreas: pensamento, emocional, situação, pessoal, relacional...

Perguntar para descobrir a própria situação

Perguntas gerais:
– O que está acontecendo com você?
– O que mais o preocupa?
– O que sente diante dessa situação?
– Por que é um problema para você?
– O que tem tentado fazer?
– O que pensa sobre isso?
– A origem do seu desassossego é o que realmente ocorre ou o que pensa que ocorre?
– Em que se baseia para dizer que é um problema?
– O que impede você de enfrentar isso?
– Por que acha que acontece isso com você?
– Qual o propósito que acredita existir para que aconteça isso com você?

–O que quer mudar?

Peça para especificar:

– Isso acontece com você em outras áreas?

– Que outras situações em outras áreas de sua vida – profissional, familiar, matrimonial, amigos, saúde – podem influir nessa situação?

– O que você fez para que isso acontecesse?

– Quando começou a ocorrer?

– Com que pessoas esse problema está relacionado? Quem está envolvido?

– O que os outros dizem dessa situação?

– Quais valores seus estão sendo afetados?

– Qual seria o resultado de não mudar nada?

– Quer que isso ocorra?

– Qual o propósito de isso acontecer com você?

– Quer mudar realmente? Já tentou alguma vez? Por quê?

– Qual é a sua responsabilidade?

– Quem endossa sua opinião?

– De que outro modo sua situação poderia ser vista?

– O que é importante e o que é urgente?

Outras perguntas-chave:

– O que você acha da situação?

– Como interpreta o que aconteceu?

– O que você diz a si mesmo sobre o que ocorreu?

– Como esse sentimento é sentido no seu corpo?

– Esse sentimento avisa você de quê?

– O que esse sentimento o convida fazer? Para que o tem?

– Que benefícios essa situação proporciona?

– O que evita essa situação?

– Como os outros a enfrentam?

– Se tivesse que dar um conselho a um amigo que tem o mesmo problema, o que diria?

– O que faz diante da situação?

– O que não faz diante da situação?

– Quais são os ganhos e as perdas?

– O que teria mudado?

– Esse problema realmente afeta sua essência?

– Afeta a sua identidade?

– Afeta a sua autoestima?

– Como afeta o seu entorno?

– Quem é mais afetado? Como é afetado?

– Como as pessoas próximas têm reagido?

– Quem ajuda você? Quem é um obstáculo?

O DAFO

✝ Para explorar a situação em que estamos, geralmente empregamos o DAFO. A palavra DAFO é um acrônimo formado pelas iniciais das palavras "debilidades", "ameaças", "fortalezas" e "oportunidades". Trata-se de uma ferramenta que serve para:

– Ter consciência, explorar e conhecer a situação real em que estamos.

– Planejar uma estratégia de futuro, indicando o lugar para onde queremos ir. Utiliza-se da seguinte maneira:

– Análise interna: debilidades e fortalezas.

– Análise externa: ameaças e oportunidades.

– Confecção da matriz.

– Determinação da estratégia que se emprega em função da matriz.

Análise interna

Trata-se de ter consciência de capacidades, experiências, atitudes, hábitos, formação, crenças e valores que fazem com que consigamos nosso objetivo e onde nos podemos apoiar. Tomamos consciência também de nossas carências e debilidades pessoais (ou familiares, ou matrimonial, ou profissional etc.), do que nos falta ou escasseia com respeito às capacidades e habilidades de que necessitamos para alcançar nosso objetivo. Tomamos consciência do que fazemos e do que não fazemos.

Análise externa

Trata-se de tomar consciência e analisar nosso entorno profissional, familiar, de saúde, de tecnologia, de estilo de vida, das amizades, etc., na medida em que *oportunidades, fatores positivos*, onde podemos nos apoiar, são oferecidos para que alcancemos nosso objetivo, ou, ainda, podem ser fonte de ameaça e obstáculos que dificultem consegui-lo.

Elaboração da matriz

Elabora-se a matriz e ela é descrita para visualizar a situação em seu conjunto e nos mostrar onde nos devemos ater. Geralmente usamos um esquema como o seguinte:

Favorável	Oportunidades	Fortalezas
Desfavorável	Ameaças	Debilidades
	Não dependem de nós	Dependem de nós

Quanto mais complexa for a matriz, mais útil será a ferramenta.

Assim, por exemplo, as debilidades são a falta de assertividade, a falta de empatia ou a baixa autoestima; fortalezas significam contar com amigos e familiares que dão apoio, ter uma boa formação acadêmica ou contar com uma vontade firme e forte; ameaças são estar desempregado, ter pouco tempo livre por causa do trabalho ou ter saúde física frágil; e oportunidades é contar com uma instituição que dê apoio, com certos recursos materiais, com novas tecnologias à disposição ou viver em um país com segurança jurídica.

Estratégias

Uma vez elaborada a matriz, podemos optar por focar nas fortalezas e aproveitar as oportunidades ou enfrentar as ameaças para minorar seu impacto ou tentar compensar as debilidades.

Uma vez realizado o DAFO, podemos fazer as seguintes perguntas:

	Aspectos internos	Aspectos externos
Aspectos fortalecedores	*Fortalezas* Que posso fazer para que essas fortalezas permitam que eu tire a máxima vantagem das oportunidades?	*Oportunidades* Como tirar o máximo de rendimento dessas oportunidades utilizando minhas fortalezas?
Aspectos limitantes	*Debilidades* Como posso superar essas debilidades para aproveitar as oportunidades?	*Ameaças* Como posso superar as ameaças ou suas consequências?

Baixa autoestima

No processo de autoconhecimento torna-se imprescindível perceber o nível de afeto por si mesmo e de autoestima. A falta de amor por si mesmo, a falta de consciência da própria dignidade e a baixa autoestima, fenômenos que andam de mãos dadas, trazem consigo consequências nefastas para a pessoa, pois são frequentes fontes de conflitos com os outros e um modo inadequado de comportamento.

Uma das situações internas que mais influem na geração de conflitos com outros e consigo mesmo, é a baixa autoestima e a falta de amor e apreço por si mesmo.

🔎 A baixa autoestima geralmente é o efeito das mágoas que nos fizeram sentir desde quando éramos pequenos ou jovens, bem como dos rótulos que nos puseram, das palavras negativas que se verteram sobre nós e de experiências reiteradas de baixa autoeficácia.

Muitas vezes foram os mais próximos, os familiares e os amigos que nos colocaram rótulos ("Você não vale nada, é um inútil, nunca vai aprender, não serve, não entende, não é como... Como você é bobo, como você é cruel, não sabe fazer nada, é um...").

🔎 Os indicativos de que há baixa autoestima são:
— Hipersensibilidade à crítica ou à correção.
— Desejo exagerado de se alegrar, dificuldade para discordar.
— Rigor ao se criticar ou criticar os outros (todos o decepcionam, encontra defeito em tudo).

– Medo de não cumprir o que os outros querem de nós, medo de comportar-se mal.

– Culpa neurótica. Não se perdoa pelo que houve de mal no passado.

– Indecisão habitual, medo de se enganar.

– Agressividade sempre latente pelo mal-estar com tudo (projeção do mal-estar consigo mesmo).

– Rotular-se negativamente e desamparo aprendido ("Não posso", "não sirvo", não sou capaz", "não mereço"). Valoriza muito pouco as próprias capacidades.

– Ansiedade pelas expectativas distantes ou pessoais.

– Ideias errôneas sobre si e sobre a própria imagem.

A baixa autoestima é resultado de um traço básico da personalidade imatura e traz consigo sérias deficiências na relação com os demais. A falta de amor a si mesmo dá lugar à subserviência, à susceptibilidade e a diversos comportamentos compensatórios que dificultam as relações, como querer se destacar, necessitar de reconhecimento, perfeccionismo, ter mais (dinheiro, currículo, objetos, prazeres), ativismo...

Conhecimento do grau de maturidade

Dentro do processo de autoconhecimento, é imprescindível descobrir o nível de maturidade. Sem maturidade não há possibilidade de desenvolvimento pessoal pleno.

Traços-chave que definem a imaturidade

a) O traço predominante da imaturidade é a *concentração*, o ter em si mesmo o centro de gravidade. A pessoa autocentrada é egocêntrica, mede e pensa em tudo por si mesma, sem poder se colocar no lugar do outro (falta empatia e tem cegueira axiológica). Embora viva com os outros, em grupo, em comunidade ou em família, tende a se isolar, buscar compromissos e relações fora, a não se comunicar, não se interessar pelos que estão próximos. Essa distorção pode se dar pelo hedonismo extremo ou por soberba. Pensar demais em si mesmo, ruminando sobre o que falta, sobre o que fizeram com ele, ficando excessivamente atento a como está, a como se sente.

– Ao ser egocêntrica, como ocorre com as crianças, a pessoa tem um sentimento sem medidas da importância do "eu". Compara-se com os outros e, sente-se menos, sente-se ferido e menosprezado.

– Supervaloriza as experiências negativas e as generaliza. Não consegue ver o que tem de positivo. Concentra-se em suas preocupações e problemas. Queixa-se continuamente. Tudo o decepciona. Cultiva seu mal-estar e solidão.

– Tem reações paranoides frequentes (sente-se perseguido e ataca).

– Sente-se inferior em vários aspectos. Por isso omite-se, sente vergonha, cólera e tristeza. Afirma que ninguém o compreende.

– Como mecanismo de compensação, procura a autocompaixão, busca por mimos, pelas compensações físicas e emocionais. Essa forma de agir tende a se solidificar.

– Resultado do caráter: dúvidas contínuas, emoções obsessivas, insegurança, conflitos internos, reações comportamentais de adolescente, falta de alegria, necessidade de chamar a atenção e obter aprovação, necessidade de ser o centro e se reafirmar continuamente.

– Geralmente se compara com os outros: compara sua inteligência, suas qualidades, sua masculinidade ou feminilidade, sentindo-se inferior.

– Tem um altíssimo eu ideal, fantástico ou fantasioso, desde sempre. Vive o seu personagem ideal e tudo que se refere a ele.

– Não tem percepção das pessoas do seu entorno. Se não ajuda alguém, não se sente culpado por isso. Sente-se mal por ter mau coração. Quando sente a distância entre seu eu real e seu eu ideal, surge o complexo de inferioridade, ou a raiva, ou a perda da paz interior. Às vezes pensa, portanto, que vale muito (mais que os outros) e outras, enorme baixeza e inaptidão. Cego para os valores (ou para sua posição hierárquica), coloca-se acima de tudo.

– Esse egocentrismo dá lugar às diversas distorções cognitivas que ofuscam sua capacidade de reflexão, de autoconhecimento e de ter uma reação adequada à realidade.

b) A *desintegração* é uma outra dimensão da pessoa imatura. Ela acha que alguma de suas dimensões precisa se desenvolver independente das outras, dando lugar ao intelectualismo, sentimentalismo, voluntarismo e hedonismo. Trata-se daquela situação em que a pessoa põe em jogo somente algumas de suas capacidades e recursos, realizando apenas parte de si. Essa afecção consiste na redução de grande parte da experiência vital ao exercício de seu intelecto (intelectualismo), sua vontade (voluntarismo), sua afetividade (sentimentalismo) ou sua corporeidade (hedonismo, vigorexia etc.). Portanto, supõe também uma desintegração das diversas capacidades, na medida em que não percebem e nem convergem na unidade que é a pessoa, mas, de certa forma, tornam-se autônomas. De certa maneira, quem vive de forma desintegrada não consegue exercer sua plenitude pessoal, por não poder possuir-se nem se governar de forma adequada. Quem não se possui, não pode autodeterminar-se, isto é, ser autor da própria vida. Para quem sofre de oligodinâmica, ou de adinamia, a vida é algo que "acontece", não algo que ele faz no sentido pleno (no sentido de realizar-se).

c) O *vitimismo*. Também provém do excessivo egocentrismo e da opção de não encarar a realidade, consistindo em se considerar vítima das circunstâncias, acreditando que nada pode fazer e que, independentemente do que faça, não haverá mudança. Encontra sempre motivos para justificar seu erro, sua omissão. Tem sempre razão para queixa, sempre reclama que não é valorizado, que não é considerado, que tudo para ele dá errado. Pode oscilar entre o excesso de amor próprio e o maior desprezo.

d) Além do que foi dito acima, essas características manifestam-se em alguns comportamentos significativos em que a imaturidade é manifestada:
– *Heteronomia:* não age com critério próprio, deixa-se levar, influenciar. Faz segundo o que "dita" o ambiente, ou o outro, ou o grupo.
– *Emotividade alterada:* hipertrofiada ou atrofiada. A pessoa vive um grau de descontrole emocional. Reage de modo desproporcional: não tem proporção entre o que ocorre e sua reação. A emotividade é flutuante e instável. Queixa-se continuamente, nunca está bem, nunca está satisfeita com nada. É "secundária", isto é, guarda por muito tempo o que a fez sofrer (ou o que sua susceptibilidade construiu) e amplia isso: indignação, decepção,

mágoas, más intenções, o que interpretou como falta de amor ou um desamor. Mantém essas mágoas por muito tempo.

– *Revela certo descontrole* e certas manifestações neuróticas são frequentes e psicossomáticas: depressões, melancolias, somatização, hipocondria, ansiedade... são geralmente sintomas inadequados de serem vividos.

– É tão suscetível que *acredita que mais dia menos dia será prejudicado.*

– *Tem tendência a manifestar emoções negativas:* tristeza, desânimo, pessimismo. Mantém constante tendência à negatividade ao interpretar tudo o que ocorre, e defende-se dizendo que se sente mal, que acha que merece o pior dos diagnósticos, o que nunca se acaba confirmando. Apesar disso, insiste em que "está mal". E se justifica dizendo que tem todos os males, menos hipocondria.

– *Baixa autoestima*, baixa consciência de sua autoeficácia e, especialmente, baixa consciência de sua dignidade, ou seja, pouco amor a si próprio. O que causa isso são as diversas formas inadequadas de relação com os demais, sentindo-se incapacitado justamente por causa dessa falta de amor por si mesmo.

– *Pensa habitualmente que não é compreendido ou aceito.* Mediante sugestões ou correções de outras pessoas, reage com susceptibilidade, aborrecendo-se.

– *Depende demais da opinião positiva dos outros.* Acaba tendo imagens distorcidas de si mesmo. "Não valho nada", "Sou um inútil"...

– *Excesso de expectativas sobre os outros:* por isso os outros sempre acabam "falhando" com ele. As pessoas nunca estão à altura "do que ele esperava delas".

– *Com os outros, ou é ciumento, ou invejoso, ou vaidoso, ou servil:* acha que os outros são melhores, inveja o que eles são ou têm, pensa que estão contra ele; ou necessita de aplauso (vaidade), ou de agradar-lhes continuamente (para compensar sua falta de amor a si mesmo), ou inveja a habilidade do outro (nunca o admira), sendo, mesmo assim, muito dependente dos outros. Cria relações de dependência (habitualmente com uma ou duas pessoas). Em suma, com os outros manifesta-se com evitação, hostilidade ou com confluência ou fusão. São vertentes da mesma raiz.

– É muito cuidadoso, desejando sempre uma coisa ou outra, sem controle dos impulsos e muitas vezes com compensação hedônica por causa de seu mal-estar interior. Além disso, geralmente existe descontrole na comida, bebida ou gastos.

– *Incapaz de enfrentar as dificuldades* (opta pelo desamparo aprendido: "não posso" em vez de "não quero") e pouca resistência à frustração. Diante dos problemas foge, não enfrenta. Ou desmorona, ficando paralisado e deprimido, ou explode violentamente.

– *Irresponsável e inconstante* com seus compromissos ou encargos.

– *A raiz da imaturidade*. Três dinamismos são essenciais em toda pessoa: colocar em jogo suas capacidades para alcançar a plenitude, agir com bom senso e levar em conta as experiências e ter uma relação comunitária. Para isso, as principais causas de imaturidade têm a ver com a deficiência na realização desses dinamismos, dando lugar a:

Bloqueio das capacidades pessoais por abandono geral (isto é, por falta de cultivo) ou pela promoção apenas de alguns, que resulta absolutizada: atividade só intelectual, sem compromisso prático, desenvolvimento das capacidades físicas sem cultivo intelectual, cultivo afetivo sem desenvolvimento da inteligência etc.

Perda de sentido pessoal, substituindo-o por outro exterior. Isso supõe a substituição e negação da vocação pessoal, projeto inadequado para a pessoa, má interpretação do que ocorre. Essa perda de sentido pessoal pressupõe, depois de tudo, uma desmoralização tardia, uma falha na escolha ou não saber como optar pelo adequado para a pessoa. De modo especial, essa perda de significado mostra ignorância ou ocultação da própria vocação, incapacidade de interpretar a realidade como facilitadora e fechamento em relação aos outros como fonte de significado.

Perda da dimensão comunitária, vivendo em mundos institucionalizados, entre objetos, normas, instituições, massas humanas, mas não em um mundo de pessoas. O encontro torna-se impossível.

Fuga dos próprios limites, da própria realidade, incapacidade para aguentar a dor física ou espiritual (talvez fruto de superproteção na infância e juventude) e fuga da idade adulta.

A falta de firmeza pessoal (que chamamos de "desajuste") procede, portanto, de não se terem desenvolvido as possibilidades adequadas, de pensar que o fim da vida está em si mesmo, na própria pessoa, nos próprios desejos ou projetos, ou em algo exterior, impessoal. O desajuste procede, depois de tudo, de pensar que somos deuses, de acreditar que podemos viver sem nos apoiar nos outros, encapsulando a pessoa em si e não aceitando a própria finitude.

11. Cura de mágoas e infirmidades

As mágoas, as infirmidades e a imaturidade são os principais obstáculos para a mudança e o crescimento pessoal. Por isso, acompanhar também implica ações curativas com respeito ao acompanhado, cura esta que é possível graças a coisas muito simples como, por exemplo, o que digo a ele, a atitude que uso ou a proximidade com que o trato.

Para que haja cura, o acompanhamento deve incluir, quando necessário, momentos de consolo, alívio, cuidado e apoio. Nesse sentido, a proximidade é essencial: o olhar, o abraço, o contato físico, o tom de voz...

Em todo caso, quem acompanha não poderá admitir fatalismos nem passividade no acompanhado. Estimulamos sempre para que se cure, que siga em frente, porém, com paciência e compaixão, sempre no ritmo dele.

Nesse processo o que queremos é descobrir a origem do sofrimento, pois, em muitos casos, não procede de situação objetiva, e, sim, de como o acompanhado a interpreta ou enfrenta. Frequentemente, as pessoas criam os próprios sofrimentos, portanto, é preciso tentar maneiras novas, criativas, inéditas, talvez até paradoxais, para escapar do sofrimento em que se encontra.

Essa cura tem várias dimensões: a corporal, a emocional, a intelectual e a biográfica. Todas precisam ser levadas em conta no acompanhamento.

Cura corporal

Como a pessoa é uma unidade, o que afeta o corpo, afeta a pessoa toda e vice-versa. Por isso, é mais adequado começar um processo de cura ordenando aspectos ligados à corporeidade. Melhorando nessa área, poderão ocorrer recuperações e curas espetaculares, uma vez que o humor, o intelectual ou o relacional têm seu "assento" e apoio no corpo. Nesse sentido, vamos diferenciar vários aspectos: *cuidado corporal, ritmo de vida...*

– *Cuidado corporal.* O cuidado corporal tem a ver com todas as atividades que realizamos para benefício do corpo, com o cuidado que ele necessita para manter-se "em forma", para que, assim, nossa vida pessoal se desenvolva da melhor maneira. Por isso, uma alimentação saudável, horário para se levantar e dormir que permita certa constância e um número de horas suficiente (algumas desordens psíquicas são favorecidas pela ruptura de horários e dos biorritmos) são medidas básicas para ordenar a vida. Além de tudo isso, o cuidado corporal pode incluir:

– *Exercícios de relaxamento.* Treinamento autógeno de Schultz, respiração abdominal, relaxamento progressivo de Jacobson...

– Agir lentamente, sem pressa, tendo sempre consciência do que se faz. Trabalhar sem pressa, fazer compra sem pressa, comer sem pressa... Ir com tempo, desfrutar de cada atividade, mesmo que não for possível fazer tudo.

– Realizar atividades lúdicas que exijam do corpo e que absorvam a atenção.

– Caminhar e fazer exercício físico moderado diariamente.

– *Gestão do tempo.* É muito importante, para conseguir saúde básica, controlar corretamente o tempo, fazendo primeiro o mais importante e urgente, o que é importante e depois o que é urgente e não importante, e depois o que não é nem importante nem urgente, sabendo quais tarefas eu mesmo preciso fazer e quais posso delegar.

Muitas vezes, a preocupação e a inquietude procedem de não se saber priorizar as atividades e perder o dia em coisas menores, talvez nem importantes nem urgentes, que acabam absorvendo todos os nossos esforços.

🗡 Assim mesmo, tem-se que executar primeiro as atividades previstas para um horário fixo (reuniões, horário de trabalho, horário de atividade, almoço), depois convém colocar na agenda as atividades que exigem certo tempo (como, por exemplo, estudar, escrever alguma coisa, reunião para resolver alguma questão importante) e, depois, as atividades que podem ser fragmentadas ou serem feitas de vez em quando. Mas convém também colocar na agenda, porque, principalmente se não são muito atraentes, poderão ser esquecidas.

🗡 Convém também observar outras medidas básicas para a saúde corporal e psíquica no que se refere à gestão do tempo:
– Reduzir a quantidade de "frentes abertas", de modo a não ficar sempre preocupado com alguma coisa.

– Consciência. Dar um tempo para ter consciência das sensações corporais de descanso e dor, pois são indicativas de que é preciso descansar. O melhor descanso é o sono.

– Exercitar dizer "não" e "chega", quando a agenda está muito cheia. Não se sentir mal por isso.

– Não agendar coisas além do que se pode. Não ir além das nossas forças e do que nosso tempo permite.

– Não economizar tempo continuamente. Fazer uma coisa só de cada vez.

– *Vida off-line: desconexão e conexão.* Já são conhecidos diversos efeitos nocivos para o cérebro com respeito ao uso indiscriminado das novas tecnologias: confusão cognitiva, amnésia e dificuldades para memorizar por falta de sedimentação da memória de curto prazo, hiperatividade e déficit de atenção, dificuldades para a reflexão e a leitura reflexiva... Além disso, para muitas pessoas, muito tempo nas redes sociais, jogos *on-line* ou videogames impede uma vida social normal, dando lugar ao isolamento. Para muitos, o excesso de horas em novas tecnologias é sintoma de fuga da vida real. Para isso, existem diversas medidas de higiene digital:

– *Desconexão digital:* ser capaz de passar tempo sem precisar de novas tecnologias. Para isso, o importante é desligar televisão, celular, computador, de modo que não fiquem sempre disponíveis. Naturalmente, é importante não se apegar a uma tela (celular ou computador) antes de dormir, porque, além de roubar o tempo de descanso, leva a um sono de má qualidade.

– *Desconexão de notícias:* é muito libertador e relaxante ficar sem notícias, passar algumas horas ou dias sem ser obrigado a estar em dia com as últimas notícias. Conectar-se com as próprias sensações corporais: cinestesias, sabores, odores, cores, objetos, tatos.

– *Quando se está com alguém, "conectar-se com ele"*, esquecer toda conexão digital durante o tempo que estiver com essa pessoa.

– *Conectar-se diariamente com o interior e com o que transcende:* fazer silêncio, meditar, orar.

Cura emocional

✋ Toda cura emocional parte de aceitar, validar e dar espaço para o que o acompanhado sente, para que possa ajudá-lo a pensar e sentir de maneira mais adequada. Para isso, são necessários vários passos: bem-estar emocional, compreensão das mágoas, gerir afetos, perdoar, aumentar a autoestima...

– *Facilita o bem-estar emocional.* Alivia e ajuda muito o acompanhado contar com alguém que descubra e expresse o que sente. A atitude do acompanhante precisa ser a de escutar, permitir e não julgar o que o acompanhado sente.

Por isso, em vez de dizer a ele: "Você precisa se animar", poderia dizer: "Imagino que você tenha razão para se sentir assim", e, em vez de dizer: "Não deveria sentir-se assim", dizer: "Deve ser muito importante e duro pra você o que aconteceu, para que se sinta assim", ou "Só você sabe o sofrimento pelo qual passou", ou "Não é fácil enfrentar o que está vivendo". Trata-se, portanto, de dar espaço à manifestação do outro.

Uma vez que já escutou e permitiu que o acompanhado expressasse seu mal-estar, pode ser útil mostrar a ele *como suas reações são uma compensação para suas mágoas.* Será necessário, portanto, que o acompanhado perceba suas mágoas para começar a evitar as compulsões e reações desproporcionais que procedem disso. Veremos isso na próxima parte.

Detecto e compreendo as mágoas

✋ Cada um de nós tem suas mágoas de vez em quando, desde o início da nossa vida. A mágoa produz carência ou agressão que acabam negando algo de que precisamos e que, em geral, nos é negado. Mas também pode levar ao excesso de atenção, a superproteção. Pode ser por uma agressão grave específica ou por uma repetição de fatos. Esperamos da mãe, pai, irmãos, professores, famílias, a saciedade de certas necessidades e algumas não são satisfeitas. Por isso a mágoa acontece.

As principais situações dolorosas são:
– Não me senti amado. Não me desejavam por mim mesmo e sim pelo que eu fazia.
– Não me abraçaram, não me deram carinho físico.
– Não me atenderam, não tiveram tempo exclusivo para mim.
– Não reconheceram minha identidade.
– Não me consideravam capaz, forte, não acreditavam nas minhas capacidades. Me superprotegiam.
– Me comparavam com outros.
– Não tive segurança emocional ou física.
– Me bateram, me insultaram. Faziam pouco caso de mim.
– Me rotularam negativamente.

Dessas mágoas pode surgir a culpa neurótica ou mal resolvida: se me magoaram foi porque há algo de mal em mim. Os que gostam de mim (meus pais, amigos, família) não são maus, então o mau sou eu, sou eu que ajo de forma errada. Outras vezes, para enfrentar a culpa e as mágoas, os mecanismos de defesa são multiplicados: negação, racionalização, deslocamento... A pessoa pode parecer forte por fora, firme, segura com relação aos mecanismos de defesa que se iniciaram, mas mesmo assim os outros mostram as mágoas de duas maneiras: *pelas reações desproporcionais (quando aparecem as mágoas novamente) e nas compulsões.*

As reações desproporcionais dizem respeito ao estímulo atual, mas proporcionais em relação à mágoa que permanece. São reações muito fortes, que as pessoas que veem estranham, que duram muito tempo ou se repetem com muita frequência. Isso ocorre quando corrigimos alguém e ele responde agressivamente ou fica muito chateado. Podem também acontecer pela ausência de resposta (como uma aparente indiferença ante o fato doloroso ou impressionante que afeta a todos).

✋ *De cada mágoa surge um medo.* E os medos levam a comportamentos compulsivos, isto é, a comportamentos sem controle que pretendem compensar o medo.

– Do medo de ser condenado surge o perfeccionismo.

– Do medo de não sermos queridos, a subserviência ou a confluência.

– Do medo ao fracasso, a busca compulsiva de sucesso.

– Do medo do vazio e da solidão, a ganância de ter, comer e conhecer.

– Do medo que me abandonem, o submeter-me às regras.

– Do medo da dor, a busca compulsiva pelo prazer.

– Do medo da fraqueza e limitação, a busca de poder.

– Do medo de conflito, a busca compulsiva de conciliação a todo custo.

– *Apoio na gestão de afetos.* Não consigo impedir que um ou outro afeto surja em mim. Porém, está em minhas mãos dominá-lo e regulá-lo. Não posso evitar, em certos momentos, de ficar com raiva; mas posso evitar que a raiva me domine. Não posso evitar, em certos momentos, de ficar triste; mas posso evitar que essa tristeza me domine.

✔ Para controlar os sentimentos, podemos usar diversos instrumentos:

– Contar ao outro. Quando narramos e colocamos para fora esses sentimentos, começamos a saber dominá-los. Ao expressá-los, eu me livro de seu domínio.

– *Dar uma interpretação positiva de cada acontecimento.* Em psicologia, denomina-se *treinamento em narração autobiográfica positiva*: focar nas conquistas e lembranças positivas ajuda a desfazer o tom negativo habitual (próprio dos depressivos) e faz com que a autoestima aumente. Trata-se, portanto, de recorrer às próprias conquistas ou sucessos, descobrindo o que comecei, o que aprendi, o que cresci e o que superei para alcançar o sucesso. Trata-se de levar em conta a própria vida de forma positiva. Às vezes, descobrimos que lidar com as mágoas e limitações nos leva a obter os melhores sucessos.

– Promover atitudes e sentimentos positivos e minimizar sentimentos e atitudes negativos.

– Agradecer continuamente por tudo o que há de bom na vida, por todo o bem que recebemos, por tudo de bom que nos aconteceu hoje. Fazer isso habitualmente nos leva a pensar positivamente e a descobrir como somos privilegiados e que na vida existe mais bem do que mal.

– Exercer sempre o perdão: quem não perdoa fica preso a emoções negativas.

– Proporcionar-se mensagens de confiança e ânimo.

– Fazer exercícios de relaxamento e de respiração pausada e profunda.

– Desenvolver o senso de humor a todo momento. Procurar rir várias vezes por dia. Relativizar os problemas. Aprender a rir fisicamente. Ver o lado engraçado de cada situação. Ver programas de humor.

– Encarar frustrações como algo natural na vida, como "parte do roteiro", como oportunidades para crescer na vida.

– Controlar o nível de ansiedade e estresse mediante o relaxamento, o esporte e o controle de volume de trabalho.

– Não se preocupar. Se houver questões a resolver, se são graves e urgentes, resolva-as imediatamente. Se não depender de você, deixe de pensar nelas, pare de ruminar. Se são coisas que tem que fazer depois, coloque na agenda as ações necessárias para tirar da sua frente o que o inquieta. De qualquer forma, a maioria das preocupações vem de interpretações inadequadas da situação. No próximo capítulo, discutiremos isso.

– Descansar, dormir, fazer exercício físico, jantares frugais, passeio moderado, provocar bocejos, não ficar muito tempo – sobretudo à noite – diante do computador ou celular, ter hora fixa para ir dormir: agenda em ordem.

🖎 Com respeito aos *sentimentos negativos*, existem diversos modos de acometê-los. Diante de situações que nos inquietam ou nos fazem sofrer, existem duas atitudes básicas de enfrentamento: agir para mudar a causa ou origem do sentimento, ou, se não puder fazer isso, modular e controlar o sentimento. Neste último caso, sugere-se os seguintes procedimentos:

– *Diminuir as energias dos sentimentos* silenciando as imagens, palavras ou argumentos com os quais os ruminamos, mantemos vivos ou os aumentamos.

– *Mudar a expressão corporal.* Fazer o contrário do sentimento negativo que temos: sorrir na tristeza, respirar fundo e lentamente na angústia, falar com firmeza no temor, expressão corporal estirada e jovial no abatimento depressivo. *Trabalhar "como se".*

– Não se permita acomodar em alguma ideia, imagem ou pensamento perturbador (por exemplo, ao falar em público ou em um exame, ideias negativas de impotência, incapacidade, temor). Para isso, é preciso *ocupar a mente em alguma coisa atraente*, ou melhor, tomar consciência do que sente, vê ou escuta. Assim mesmo, dá bom resultado concentrar-se no que faz ou diz, não nos medos ou sintomas.

– *Mudar a interpretação do sucesso*, vendo o que tem de bom, as oportunidades, o desafio, o lado positivo. Narrar os acontecimentos em chave semântica positiva (agradecimento, boa sorte, alegria, temor, humor etc.). Assim, diante da morte de um ente querido, posso me lamentar por ter que ficar sem ele ou agradecer pelo tempo em que ficamos juntos ou alegrar-me por tudo o que aprendi. Dessa forma fico mais forte, mais humilde, busco outras opções. Diante de uma ofensa, posso me irritar e tomar satisfação ou posso pensar que o outro disse aquilo porque não me conhece ou porque não está bem.

– Cultivar sentimento contrário ao negativo.

– Encarar frustrações interpretando-as sempre como oportunidades, como portas para novidades positivas (como, por outro lado, geralmente acontece).

Em geral, trata-se de promover as emoções positivas e diminuir as negativas. Para isso, dois aspectos precisam ser levados em conta:

– *A assimetria hedônica*, que se refere ao fato de que as emoções negativas persistem mais em questão de tempo, do que as positivas.

– *A tolerância emocional*, que significa que tendemos a nos habituar a toda situação, de tal forma que tanto o que dói como o que é prazeroso tendem a perder intensidade, mesmo que a situação que ocasionou o fato se mantenha. Assim, ganhar o prêmio da loteria nos deixa alegres nos primeiros dias. Mas, depois de algumas semanas, a pessoa volta ao nível emocional que tinha anteriormente (ainda que com mais problemas e preocupações). Uma notícia ruim sobre alguma doença, de início, afeta muito. Depois, nos acostumamos com a situação e recuperamos os níveis razoáveis de bem-estar.

Gestão de estresse: diversas ferramentas

🖋 Convém aprender a lidar com o estresse. Estresse como estado de ansiedade, esgotamento e pressão emocional por precisar render muito mais que o normal, continuamente. É uma resposta emocional a uma situação que está exigindo de nós máxima dedicação e esforço excessivo (início de um novo trabalho, assumir uma grande responsabilidade, exames, problemas de casal, um grande desafio, falta de tempo para realizar tarefas necessárias sem folga) ou a algo novo que exige grande adaptação (nascimento de um filho, mudança de estado de ânimo. Medos, tensão muscular, dor de cabeça, fadiga, problemas respiratórios, pressão de mandíbulas, confusão mental, comportamentos compensatórios (beber, comer mais, fumar)...

É inevitável sentir estresse em algum momento, porque a vida nos leva a diversas situações inesperadas que nos fazem exceder. É interessante perceber que *o estresse pode proceder de diversas fontes*:

— *Sofrer algum mal*, isto é, experimentar um evento que já se deu, valorizando-o como um dano irrevogável, como uma perda.

— *Sofrer uma ameaça*, ou seja, sentir que se está exposto a um dano que não ocorreu, mas que é possível, provável ou inevitável que ocorra em um futuro próximo.

— *Ter um desafio*, isto é, sentir que se tem uma oportunidade, em vez de uma possibilidade prejudicial. Mobiliza a pessoa a lutar contra os obstáculos, o que resulta em estresse.

✦ Nos três casos é útil:

— Ajudar o acompanhado a baixar o nível de estresse criado pela experiência de suas dificuldades ou pela antecipação ao perigo ou desafio.

— Ajudar a gerir melhor o tempo, dando prioridade ao que é importante.

— Ensinar a dizer "não" a tudo aquilo que não seja imprescindível fazer. Aprender a corrigir a baixa autoestima, a percepção de baixa autoeficácia, a baixa tolerância à frustração.

— Facilitar o bem-estar emocional. Quem é capaz de conhecer, verbalizar e gerir seus afetos torna-se mais consciente do que faz.

— Apoiar-se mais nos amigos e familiares. Não querer viver a situação sozinho.

— Promover a esperança, ajudando-o a visualizar as consequências positivas de certas mudanças, o ponto onde se pode chegar, fazendo com que as ameaças sejam vistas como desafios, como oportunidades. A cada pequena conquista, aumentar a esperança.

– Descobrir e confrontar as distorções axiológicas, as interpretações errôneas da situação.

– Conhecer os próprios limites e não assumir responsabilidade que esteja além da sua capacidade.

– Praticar diariamente técnicas de relaxamento e exercício físico. Nunca se automedicar com ansiolíticos.

– Ensinar a ver as novidades como oportunidades, e não como ameaças.

– Dormir o suficiente.

   – *Perdoar*. Esse é um dos atos humanos mais libertadores, que mais deixam a pessoa em paz. Mas perdoar não é simples (como também não é simples pedir perdão).

   🔧 Para perdoar, ajuda:

– Perceber que a própria pessoa contribuiu para seu sofrimento, depois de ser ofendida (porque ficou ruminando o caso, revendo na imaginação, aumentando o que aconteceu, ou devido à sua susceptibilidade).

– Procurar se perdoar pela forma inadequada com que reagiu ante a ofensa, assim como compreender o real alcance do dano.

– Colocar-se no lugar do ofensor e tentar compreendê-lo (não justificá-lo).

– Dar-se conta das vezes em que feriu outras pessoas. Convém distinguir entre perdão (coisa de um) e reconciliação (coisa de dois).

Curar a baixa autoestima

> *A autoestima* consiste na valorização e afeto que a pessoa tem a respeito de si mesma. Se se importa e aprecia todas as coisas boas, pode-se dizer que essa pessoa tem autoestima positiva. Se não se gosta, se fica se depreciando e não enxerga o que tem de bom, dizemos que tem baixa autoestima.

A autoestima equilibrada e o amor a si próprio baseiam-se em sete pilares:

1) Consciência do próprio valor, da própria dignidade, de que a vida vale a pena, independentemente de situações, êxitos ou conquistas. Geralmente, acontece quando a pessoa foi amada adequadamente e teve um enredo emocional consistente.

2) Capacidade para reconhecer e celebrar as próprias qualidades positivas e as conquistas, tudo de bom que há e todo o bem que faz.

3) Cuidado pessoal físico, psíquico e espiritual: esporte, alimentação adequada, meditação, cultivo pessoal.

4) Capacidade de se dedicar desinteressadamente aos outros, para atender às necessidades e preocupações dos outros.

5) Capacidade para reconhecer, aceitar e enfrentar os próprios defeitos, sem se prejudicar nem se resignar.

6) Capacidade de admirar e elogiar as qualidades alheias.

7) Capacidade para relativizar e aceitar os defeitos dos outros.

> ✋ É importante ter consciência de mim e de minha dignidade, porque:
> – Ninguém pode amar os outros, se antes não se amar.
> – Ninguém pode conhecer os outros, se antes não se conhecer.

– Ninguém pode valorizar os outros, se antes não se valorizar.

– Ninguém pode aceitar os outros, se antes não se aceitar.

✦ A primeira maneira de recuperar a consciência de sua dignidade e valor é ter o afeto incondicional dos outros. São convenientes também diversos exercícios e experiências para se ter consciência do próprio valor, das próprias capacidades. Nesse sentido, é muito eficaz:

– Ter consciência, verbalizando por meio de um diálogo socrático, de todas as qualidades positivas que se tem, de tudo o que há de bom.

– Ter consciência e verbalizar todas as conquistas positivas que conseguiu na vida.

– Promover experiências de sucesso no presente. Propor tarefas que possa proporcionar ainda que um pequeno êxito, para, assim, conseguir recuperar a sensação de autoeficácia.

– Descobrir e modificar as crenças distorcidas sobre si mesmo que o bloqueiam e o fazem pensar em sua incapacidade. Às vezes, são simples afirmações negativas sobre si mesmo ou, então, a realidade que bloqueia seu crescimento. Ter consciência de que, em muitos casos, são palavras de outros que foram aceitas como se fossem suas, e, em outras ocasiões, sua própria voz que é autoincapacitante.

– Oferecer instrumentos e treinar habilidades progressivas que permitam enfrentar com eficácia novas tarefas ou desafios.

– Ter consciência do sentido e da exclusividade da própria vida, mostrando que ela vale a pena, seja lá como for.

– Iludir-se com um projeto de vida real para levar a tarefa a cabo.

Ferramentas práticas para a cura emocional

✋ *Intervenção baseada no agradecimento*
Estimular gratidão aumenta a satisfação com a vida. Para isso, é possível seguir um protocolo, no qual convidamos o acompanhante a diversas ações:
– Enumerar cinco coisas pelas quais esteja muito agradecido no dia de hoje.
– Enumerar cinco pessoas pelas quais esteja muito agradecido neste momento.
– Enumerar cinco fatos ou acontecimentos de sua vida, desta semana, pelos quais está agradecido.
– Enumerar cinco circunstâncias ou aspectos gerais em sua vida, pelos quais esteja agradecido.
– Agradecer a uma pessoa conhecida, com a qual conviva, pelas coisas reais que fez por você.

✒ *Memória e narração autobiográfica positiva*
Consiste no hábito de contar para si mesmo algo do passado e do presente de forma positiva (com aspectos emocionais e conclusões positivas). As seguintes ações podem ser propostas ao acompanhado:
– Escrever e descrever algum momento feliz de sua vida, enfatizando as emoções positivas vividas naquele momento.
– Narrar tudo de bom que aconteceu na sua vida como resultado ter enfrentado algumas situações muito difíceis e dolorosas. Explicar como "graças a enfrentar X consegui chegar a Y".
– Contar ou escrever um fato traumático, doloroso ou difícil do passado, usando, na medida do possível, termos emocionais positivos.

– Mudar a interpretação negativa dos fatos que o afetam negativamente, por outra interpretação mais positiva.

Cura intelectiva

Contrasta e confronta as interpretações do acompanhado

É importante que o acompanhado se dê conta de que certas crenças suas estão sendo um peso em sua vida; que certas formas de interpretar o que acontece estão sendo nocivas para ele.

Quem pensa: "Todo mundo me engana", "Todo mundo age em favor de si mesmo", "Não presto para nada", "Não vou conseguir", consegue o efeito chamado "a profecia foi cumprida", pela qual essas maneiras negativas – e errôneas – de pensar acabam se realizando, confirmando a dita crença.

Geralmente, são crenças que vêm da infância, mas que jamais foram analisadas ao chegar na vida adulta. Assim, uma criança que tinha dificuldades no esporte, quando era pequena, e sofreu com gozações dos colegas ou amigos, assumiu que "era uma inútil", rótulo que manteve até a vida adulta, sendo um limite, um peso, injustificado, em sua atuação de agora. Em geral, esse tipo de rótulos negativos recebidos em família ou na escola, como: "Você é um tonto", "Não sabe fazer nada", "Você não é capaz disso", "Saia, deixa que eu faço", acabam sendo assimilados como identidade própria, se não se tem consciência de sua origem, sendo manifestados como: "Não tenho valor", "Sou um tonto", "Não consigo".

Outras vezes, as proibições exageradas a que fomos submetidos, quando éramos crianças, podem produzir diversos medos na vida adulta, mantendo o medo e a precaução ante qualquer dificuldade.

Contrastamos o estilo de atribuição. Dado que todo pensamento ou interpretação sobre a situação em que estamos, ou sobre nós, traz consigo um afeto, um sentimento, vamos introduzir no lugar, por ser especialmente importante, a mudança no "estilo de atribuição".

> ✋ Chama-se de "atribuição" o processo cognitivo pelo qual se atribui a causa do que ocorre: ou fora da pessoa (pensando que é um sujeito passivo no que acontece com ela), ou dentro da pessoa (pensando que a causa do que acontece tem a ver com sua ação ou as próprias decisões). É o que se chama *locus* externo e interno.

É importante descobrir para onde a pessoa que acompanhamos está apontando, para explicar a causa do que ocorre. Se fica habitualmente se queixando e se vitimizando, é porque a causa do que ocorre está fora dela e escapa de sua vontade, dizemos que tem *locus externo.* Se o estilo de atribuição é positivo, ou seja, se se dá conta de sua responsabilidade pelo que ocorre, ou da possibilidade de agir na situação, dizemos que tem um *locus interno.*

> ✒ A chave para a cura é conseguir que *o acompanhado pare de sentir-se vítima para tornar-se responsável por si mesmo.*
> – Se a responsabilidade do que ocorre for atribuída ao *exterior,* a pessoa não se responsabiliza pelo ocorrido, não percebe que foi ela que causou aquilo. A causa do que acontece é atribuída a outras pessoas ou circunstâncias. Então, ela se percebe vítima, irresponsável, e isso a afeta negativamente no âmbito emocional, dando lugar à raiva, tristeza ou indignação.
> – Se a responsabilidade for atribuída a ela mesma, fica consciente de sua capacidade de agir, torna-se proativa, fazendo opções e

tomando medidas para mudar a situação, porque sabe que o que acontece, em parte, depende dela.

Às vezes, basta que o acompanhado tenha consciência desse modo de proceder, para mudar a atribuição causal e tornar-se responsável por si mesmo. O que ele faz, então, é um *reenquadre ou mudança de perspectiva com respeito a como vê a realidade.*

Muitos processos de acompanhamento consistem em acompanhar a pessoa para que faça essa mudança de atribuição. Ao invés de afirmar: "Meu marido não tem jeito", diz: "Tenho conflitos com meu marido"; de pensar: "Meu filho é insuportável", para: "Fico mal com o comportamento do meu filho". No segundo caso me sentirei capaz de agir para mudar as coisas. No primeiro só cabe resignação.

Trata-se de perceber que até quem acredita que nada pode ser feito para mudar o destino, olhe antes de atravessar a rua: todos sabemos que, embora nem tudo dependa de nós, muita coisa depende, sim. E que, mesmo que às vezes o que nos acontece seja contra a nossa vontade, sempre depende de nós a atitude que tomamos ante o que nos aconteceu. Pode não ter dependido de mim ficar doente, mas, sim, o modo de enfrentar minha doença com valentia e de forma positiva, ou cair numa resignação pessimista e queixosa.

A autoincapacitação é produzida pela superproteção.

É importante levar em conta que, em muitas ocasiões, a causa dessa falta de defesa e dessa autoincapacitação está na *superproteção* por parte dos pais ou de outros adultos. Toda superproteção traz consigo uma mensagem subliminar para o protegido: "Você é um incapaz, por isso eu que tenho que fazer". O resultado dessa superproteção são diversas atitudes e crenças que limitam a ação; basicamente de dois tipos:

– Incapacidade: "Não sei", "Não sou capaz", "Não posso", Não mereço".

– Desesperança: "Independente do que você faça, não vou conseguir", "É impossível", "Para que tentar?", "Não vale a pena tentar", "Nada dá certo".

🖐 Superproteger é uma forma de incapacitar. Responsabilizar, uma forma de capacitar.

O caminho para resolver essa superproteção passa por responsabilização progressiva da pessoa pelos compromissos e pelas responsabilidades que assume, em que possa desenvolver suas capacidades, e, por outro lado, pela aquisição de virtude e força. Coisas anormais não fazem falta. Essas responsabilidades começam em casa: arrumar a cama, tirar a mesa, varrer, reciclar o lixo, limpar o banheiro, fazer compra...

– *Ajudamos a formular de outro modo sua realidade: reenquadre.* Habitualmente, as pessoas têm a tendência de tentar resolver os problemas do mesmo modo, sempre igual, e mesmo que comprovadamente nem sempre tenhamos bons resultados, continuamos insistindo. Assim, alguns pais descobrem que seu filho tem mentido. A partir desse momento, além de repreendê-lo fortemente, começam a observá-lo para evitar mentiras. Como resultado disso, a criança poderá ocultar mais e melhor o que faz e se desconectar mais dos pais, o que provoca aborrecimento, mais brigas e, por parte do filho, mais ocultação e dissimulação. Bastaria olhar para a situação de outra maneira para romper esse círculo vicioso, esse laço. É necessário um enquadre.

Se um amigo está retraído, não sai, demonstra uma aparência triste e, cada vez que o encontro, pergunto: "O que houve?", "Está deprimido?, ou digo: "Não tem por que se sentir assim", em vez de ajudá-lo, estou confirmando seu mal-estar.

Do mesmo modo, uma pessoa que tem medo de voar começa a falar como é perigoso o voo de avião e que toma ansiolíticos toda vez que vai viajar, e, assim, vai continuar tendo cada vez mais medo de voar. Na verdade, sua constante ruminação e o fato de tomar ansiolíticos é o que confirma que isso é perigoso mesmo. O resultado é que vai ficar cada vez mais focada em seu pensamento de como é perigoso voar, começando a desenvolver medidas de prevenção. Deixará de voar. Então, o medo de voar passa a ser pânico, e nada muda.

O único jeito realista e positivo de enfrentamento seria o reenquadre, mudar o modo de pensar, o modo de perceber a situação e formulá-la de forma diferente: pode perguntar quantas vezes caiu um avião em que viajava, ou a porcentagem de mortos por avião comparada com simplesmente ser pedestre ou estar num carro. E, depois, precisaria subir em vários aviões sem tomar ansiolíticos, para que os sintomas que teme ocorressem. Aplicando essa ferramenta que se chama "intenção paradoxal", teria enfrentado de modo eficaz o medo de voar. O procedimento, todos já experimentamos: se quero dormir bem porque preciso acordar de madrugada, não durmo. Mas, se me obrigo a não dormir, o sono vem imediatamente.

Vamos voltar ao reenquadre. Dizíamos que se trata de reformular o modo de ver a própria realidade. Assim, por exemplo, a expressão: "Nunca encontrarei trabalho", pode ser reformulada dizendo-se: "Até agora não encontrei trabalho", e assim se mantém aberto à possibilidade de encontrar.

📖 "Não são as próprias coisas que nos perturbam, mas as opiniões que temos dessas coisas" (Epíteto).

Portanto, convém perceber as ideias preconcebidas e os esquemas interpretativos que o acompanhado usa para explicar e entender sua experiência. Às vezes, essas interpretações são irracionais, foram distorcidas, ou seja, não são adequadas à realidade. Detectá-las e confrontá-las é essencial para o reenquadre.

Vejamos em primeiro lugar algumas crenças irracionais, algumas mensagens errôneas que damos a nós mesmos e algumas distorções cognitivas. Todas elas nos levam a pensar de forma inadequada e, portanto, nos afetam e acabamos agimos de modo inadequado. O objetivo do acompanhamento é descobrir e confrontar as distorções cognitivas, esquemas, falácias, vieses, pensamentos automáticos, mensagens estereotipadas e crenças limitantes, substituindo-os por crenças fortalecedoras.

– *Descobrimos as crenças irracionais.* A psicologia cognitiva mostrou que pensamento e afeto se inter-relacionam e afetam mutuamente. Por isso, o que penso, minhas estruturas de pensamento e interpretação da realidade influem nos meus sentimentos. Essas formas de pensar procedem de ideias adquiridas e de experiências passadas. Habitualmente, essas estruturas de pensamento servem para que antecipemos em nossa imaginação o que vai acontecer. Esses esquemas de pensamento são, pois, *as estruturas a partir das quais as experiências subsequentes são percebidas.*

ACONTECIMENTOS → CRENÇAS → AFETOS

🔎 Os esquemas são filtros do pensamento situados entre os acontecimentos da vida (A) e as consequências (afetivas e comportamentais) (C). Esses esquemas são as crenças (*belief:* B) sobre os acontecimentos. Portanto, não são os acontecimentos em si o que produz as consequências na conduta ou nos afetos. É a própria avaliação e as crenças pessoais sobre esses eventos que produzem essas consequências, isto é, determinados sentimentos e determinadas reações.

Muitos dos transtornos pessoais procedem da tendência a utilizar *pensamentos irracionais, crenças irracionais,* nos esquemas. Se os acontecimentos forem interpretados a partir de esquemas não adequados, o resultado é um modo de comportamento que não corresponde à realidade. *O que é comum a todas essas ideias irracionais é que não aceitam a realidade e querem impor o desejo ou o ponto de vista que o sujeito tem da realidade, pretendem ser substitutas da realidade, submeter a realidade aos desejos, ou interesses, ou medo do sujeito.*

✦ Vejamos algumas das principais *crenças irracionais:*

– Todos devem gostar de mim... as pessoas que me importam devem gostar de mim.

– Tudo o que faço precisa ser perfeito. Preciso ter êxito e não posso cometer erros.

– Devo cumprir o que as pessoas esperam de mim.

– Tenho que conseguir o que quero, facilmente, sem sofrer.

– Todos devem aprovar o que eu faço.

– Valho mais, se o que faço for perfeito e agradar a todos.

– Todo mundo que me machuca é mau.

– Meu passado determinará meu futuro, meu comportamento e meus sentimentos.

– Tudo dá errado e não posso fazer nada para evitar isso.

— Para ser feliz, basta desfrutar da minha vida sem me comprometer com nada, sem ação.

— Compensa fugir das dificuldades e responsabilidades, em vez de enfrentá-las e assumi-las.

— Tudo deve estar arrumado e planejado para que eu fique bem.

— Não posso suportar. Não tenho que sofrer ou suportar o mal-estar, nunca.

Diante disso, as *crenças racionais e adequadas* seriam:

— Gostaria de ter o afeto das pessoas de que gosto ou que são importantes para mim.

— Gostaria de fazer as coisas benfeitas.

— Gostaria de conseguir o que desejo sem dificuldades.

— Se alguém não gosta do que acredito que tenho que fazer, sinto muito, mas continuarei fazendo.

— Não gosto quando não consigo o que quero, mas não tem nada de mau nisso.

— Não gosto do que ocorreu, mas consigo suportar e talvez mudar.

— Aceito o que não gosto, mas, se puder, dou um jeito de mudar isso.

— As coisas deram errado com algumas pessoas, mas tenho outras opções para melhorar a situação.

— Quanto antes enfrentar o problema, melhor.

— *Atitudes erradas*. Normalmente, nosso comportamento e nossas atitudes respondem à uma "programação" que assimilamos desde crianças ou adolescentes, mas que, na verdade, nos levam, muitas vezes, a algum tipo de infelicidade e a comportamentos inadequados.

Existem diversas mensagens e formas de agir que assimilamos de maneira inconsciente, e que regem nosso comportamento de maneira disfuncional, inadequada. Se não percebemos isso, podemos nos prejudicar muito. O principal problema para sua detecção é que eles são socialmente bem-vistos. No entanto, são antropologicamente nocivos. Os principais são:

– *Agradar a todos*. Significa exigir muito de si mesmo ao dar-se aos outros e não considerar as próprias necessidades.

– *Ser forte*. Significa ter que dissimular as próprias fraquezas, abrir mão do bem-estar emocional adequado, ter dificuldade para apoiar-se nos outros.

– *Ser perfeito*. Significa não saber separar o que é importante do que é urgente, o essencial do secundário, não tirar um tempo para descansar e ter dificuldade para tomar decisões e concluir trabalhos já iniciados.

– *Apressar-se*. Significa querer fazer sempre mais e sempre rápido, de modo a perder a eficácia e gerar estresse.

Essas crenças precisam ser questionadas, porque não correspondem a valores humanos nem a deveres éticos. Pelo contrário, seus efeitos são profundamente infelizes. Uma vez que se tenha consciência que possa ser prejudicial, tome uma atitude e aja antes que se transforme em um hábito: cuidar das próprias necessidades, reconhecer as fraquezas e limites, pedindo ajuda, priorizar o que for importante e essencial, admitindo que há limites no próprio trabalho, e levando o tempo que for necessário.

– *Enfrentamos as distorções cognitivas*. Mediante o diálogo interno que todos temos, as pessoas tendem a interpretar a realidade de modo não realista, substituindo a percepção da realidade pelo próprio fluir do pensamento, pela própria interpretação, como se fossem fatos reais, desencadeando sentimentos; não é a realidade e, sim, a interpretação que é o real.

Essas distorções agem como lentes que filtram e colorem, deformam ou transformam o fato real. Trata-se de crenças irracionais ou formas irracionais de pensar, como foi aprendido no passado, que condicionam a interpretação do presente. É importante perceber o que a pessoa que acompanhamos está fazendo, para que ela possa se dar conta de sua forma errônea de pensar. Os mais comuns são:

— *Foco seletivo*, consiste em se fixar apenas em um aspecto ou detalhe da situação, dando margem aos mais relevantes, e elaborar uma concepção ou categorização completa a partir desse detalhe. Assim, se um dia viaja para outro país e tem um contato desagradável com algum compatriota, passa a dizer que todos os membros desse país são desagradáveis ou mal-educados. Isso significa fixar-se só em um detalhe e, às vezes, generalizar a partir disso.

— *Foco nos aspectos negativos*, ignorando os positivos. O mesmo acontece com quem no seu dia a dia olha apenas para o que está errado, concentrando-se nisso (uma dor, um problema de saúde, uma desavença familiar), sem querer olhar para a maioria das situações e qualidades positivas que existe em sua vida. É próprio de quem não dá nenhuma importância a tudo o que há de bom no que faz ou no que é.

— *Dedução arbitrária*, aventurando-se em conclusões sem evidências que o apoiem ou com evidências no sentido contrário.

— *Supor as intenções, os sentimentos ou as motivações do outro*, de caráter negativo e doloroso, para explicar por que age da maneira como faz. Por exemplo, diante de um gesto arredio do outro, começar a inferir que ele é contra nós, que é uma pessoa áspera, quando talvez só esteja com dor de dente.

– *Exagerar*, aumentando o que é negativo e imaginando as consequências ou possibilidades catastróficas. Tira-se uma conclusão de que alguma coisa muito ruim vai acontecer, sem que existam evidências suficientes. Por exemplo, deduzir que uma dorzinha no peito é o começo de um enfarto que o levará à morte. Ter pensamentos como: "Vai dar tudo errado", "Vai ser um fracasso".

– *Minimizar* aspectos da realidade que são relevantes ou acontecimentos importantes, desvalorizando-os.

– *Supergeneralização ou deduções injustificadas*. A partir de um fato, chegar a uma conclusão geral de caráter arbitrário. Isso é indicado no uso da linguagem, pois utiliza expressões como "sempre", "nunca", "todos", "ninguém". Por exemplo: um dia em que dormimos mal, a tendência é ver tudo ruim; partindo de um pequeno esquecimento ou de um engano, deduzimos que nossa vida profissional ou acadêmica não tem futuro.

– *Rotulando o negativo* do outro ou de si mesmo, submetendo a uma classificação ou tipologia ("Ele é preguiçoso", "Sou um desastre", "Sou um perdedor").

– *Polarização fictícia*. Consiste em posicionar-se de modo radical ou oposto: ou eu ou você vai vencer, ou eu ou você está certo, o que acontece ou o que o outro faz é bom ou ruim. Por exemplo, se não entendo as instruções do novo aparelho, sou bobo. Se uma pessoa falou comigo em um tom desagradável ou não fez o que eu queria, ela é má.

– *Culpabilizar ou autoculpabilizar-se* quando as coisas não vão bem. Por exemplo: se falhei em um exame, a culpa é do professor que não soube me avaliar. Se não estive brilhante nessa ocasião, foi por culpa do meu vizinho que não me deixou dormir. Ou, pelo contrário, se a empresa em que trabalho vai mal, a culpa é toda minha.

– *Crença na sorte ou no destino.* Achar que alguma coisa vai dar errado, sem qualquer indício racional, baseando-se em uma superstição, na crença do destino ou nos próprios medos (de ser castigado).

– *Personalização,* consiste em tomar tudo para si, como se houvesse intenção de irritar ou ofender, resultando em uma suscetibilidade contínua.

– *Rigidez normativa,* que consiste em manter posturas e normas rígidas com respeito a como as coisas devem acontecer. Ser muito rígido no próprio comportamento e na exigência com respeito aos demais, sendo intolerável, ignorar a norma. Se age assim, a mensagem que transmite é "devo", em vez de "quero". E diz continuamente aos outros o que eles deveriam fazer, como se se tivesse absoluta razão. Isso está ligado ao desejo de estar sempre certo.

Todas essas posturas precisam ser confrontadas, buscando o reenquadre das mesmas ou a reestruturação cognitiva.

🔧 Em geral, as perguntas orientadas a questionar a perspectiva, interpretação e marco de referência do acompanhado, são muito eficazes, porque permitem reformular sua situação, pontuar de modo diferente, ver outra perspectiva, desbloquear, redefinir os problemas. Mediante essas perguntas, o acompanhado precisa ver o que não vê, porque o acompanhante "sai de seus esquemas", de sua lógica. Em geral, importa muito mais o "para quê" do que o "por quê".

Levando o reenquadre a cabo

Entre a situação ou o acontecimento (A) e as consequências (C), sejam nas reações emocionais ou em nossa conduta, nossos pensamentos ou crenças (*belief:* B), são colocados:

$$A \to B \to C$$

Por isso, uma interpretação ou crença negativa dá lugar a uma espiral de desânimo e a comportamentos inadequados (fuga, tristeza, agressividade...).

Após esses três momentos, que se deve ter consciência, a *técnica do reenquadre* consiste em modificar as próprias crenças, confrontando as anteriores, propor uma nova forma de ver as coisas e analisar as consequências (emocionais e comportamentais) que os novos pensamentos trazem consigo.

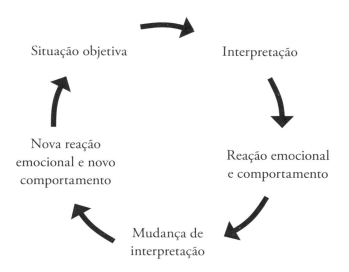

✎ Para conquistar a mudança de interpretação e, portanto, conseguir uma mudança emocional e comportamental, realiza-se um *diálogo socrático* no qual se pergunta para a pessoa quais razões endossam sua postura, o que confirma isso, com que evidências ela conta para apoiar sua crença, quantas vezes aquilo aconteceu... Mesmo assim, mostre a ela outros pontos de vista, contando o mesmo fato em outra perspectiva mais positiva. Uma vez feita a mudança, automaticamente, muda o estado emocional interno.

✎ Perguntas para realizar o reenquadre e para confrontar as distorções cognitivas, os esquemas automáticos, os vieses:

– De quais outros pontos de vista posso ver isso?

– Que outros pontos de vista pode haver sobre esse fato/acontecimento/situação?

– A partir de que está olhando a situação? Poderia ver de outra forma?

– Poderia ter outras causas que explicassem o que aconteceu?

– Pensou na possibilidade de não ter sido como você disse?

– Que outras explicações poderiam ser dadas?

– Teria outra forma de olhar?

– Como um observador externo veria isso?

– Dentro de cinco anos, como acha que vai ver essa situação?

– Essa forma de pensar, ajuda a chegar ao seu objetivo?

– Que crença existe na base disso que você disse?

– Em que se baseia para dizer isso?

– Quais são as evidências disso? Quantas vezes já ocorreu?

– "É que dizem que...", Quem disse? Essa pessoa tem autoridade e experiência para dizer isso?

– "Todo...". Todo?

– "Nunca...". Nunca?

– "Sempre...". Sempre?

– "Ninguém...". Ninguém?

– Se as coisas não acontecem como você quer, o que ocorre? Seria muito grave? Seria irreparável? (redução ao absurdo).

– É tão terrível quanto você diz? O que poderia ser mais terrível? Muito mais horrível?

– "Devo...". Deve mesmo?

– E se não fizer/ocorrer/conseguir, o que acontece?

– Você se preocupa com a situação ou com o que imagina que poderia ocorrer?

– Se não conseguir, o que pode ocorrer? Seria irreparável? Quais seriam as outras opções?

– Precisa mesmo disso?

– Quais as consequências, para você, em pensar dessa maneira? Você merece a pena?

– Que vantagens e desvantagens você tem pensando nisso?

– Que possibilidades reais existem de ocorrer o que você teme?

– Se sua interpretação fosse outra, o que mudaria? Se sua interpretação fosse contrária, o que aconteceria?

✦ O *diálogo socrático* leva a pessoa sabiamente contra sua própria lógica, dá bom resultado, usando, além das perguntas já descritas:

– *Redução ao absurdo*, que consiste em levar às últimas consequências a lógica do acompanhado.

– *Sugestões paradoxais*, que consiste em propor, de maneira justa e exagerada, o que ele deseja evitar, de forma geral: se não consegue dormir, propõe-se que não adormeça por nada nesse mundo; se não é capaz de sair de casa por agorafobia, proponha que não saia nunca mais, e que se sair, por alguma urgência, que chame o SAMU ou os vizinhos e que esses fiquem atentos. Outra técnica é a de pedir que a pessoa produza provas empíricas do que disse e da veracidade de suas informações.

Situações comuns, em que essa reestruturação pode ser aplicada, são o medo de uma pessoa voar de avião porque acha que ele vai cair; o receio de sair de casa porque acha que vai aborrecer-se, ou sentir raiva, porque acredita que alguém não foi delicado ou não a levou em consideração.

Na realidade, o que aconteceu não muda, mas meu pensamento sobre o que aconteceu sim. Porém, os afetos e as reações corporais associados a isso e, finalmente, minha atitude dependem da minha forma de pensar:

Acontecimento

Pensamento
e Interpretação

Sentimento

Manifestação
Corporal

Ação

🔎 Vejamos agora diversos exemplos de como mudando os pensamentos, mudam os sentimentos e as ações. No primeiro quadro, veremos diversos acontecimentos e situações com os pensamentos negativos correspondentes e suas consequências lógicas. No segundo, os mesmos acontecimentos, mas depois de realizar uma reestruturação cognitiva. Mudar de pensamento, como se verá, muda a lógica da resposta.

SITUAÇÃO I: PENSAMENTOS ERRADOS OU DISTORCIDOS

Acontecimento	Pensamento e crença	Sentimento	Manifestação corporal	Ação
Discussão	Eu tenho toda razão	Irritação, raiva	Tensão muscular	Grito, insulto
Alguém me nega alguma coisa que pedi	Tem nojo de mim, me deprecia	Tristeza, raiva	Abatimento corporal	Distanciamento, murmúrios, queixa, isolamento
O exame foi suspenso	Nunca vou conseguir	Decepção, tristeza	Olhar baixo, rosto sério	Passividade
Um filho chega tarde em casa	Chega sempre tarde	Raiva, indignação, preocupação	Tensão corporal, ansiedade	Grito, ameaça, discussão
A viagem de férias, planejada há tempos, dá errado	Tudo dá errado comigo	Raiva	Tensão, Ficar zangado	Explosão de ira

SITUAÇÃO II: PENSAMENTOS ADEQUADOS

Acontecimento	Outra interpretação	Outro sentimento	Outra manifestação	Outra ação
Discussão	Vou escutar qual é seu ponto de vista. Ele também tem suas razões	Espanto e interesse	Relaxamento	Conversa, negociação
Alguém me nega algo que peço	Vou procurar outra pessoa que consiga para mim	Aceitação, esperança	Ativação	Pede para outra pessoa
Um exame foi suspenso	Não estudei o suficiente, ou com um bom método	Culpabilidade e responsabilidade	Ativação	Revisar o método de estudo e fazer um *planning*
O filho chega tarde em casa	Hoje chegou mais tarde que o previsto, mas já está aqui e me pediu desculpas	Tranquilidade e curiosidade por saber por que chegou tarde	Relaxamento	Conversa no dia seguinte para analisar as razões do atraso
A viagem de férias, planejada há tempos, dá errado	Vamos ver um plano B, que com certeza vai ser maravilhoso e mais barato	Bom humor, nova esperança, alegria	Serenidade, respiração profunda, sorriso	Busca na internet por outros destinos turísticos possíveis

Confrontamos

> ✋ *Confrontar* é mostrar as incoerências entre o se que diz e o que se faz ou entre o que pensa e o que sente, entre sua situação e sua atitude, entre sua linguagem verbal e não verbal, entre o que imagina e a realidade. Trata-se de ajudar, com perguntas ou indicando a ele, a descobrir as formas de fuga e de ocultação que o acompanhado põe em jogo para não se conhecer ou para que não perceba sua situação. Confrontar o acompanhado também para que perceba seus comportamentos destrutivos. Em todo caso, a confrontação é uma revelação, uma ajuda para tomar consciência e não um ato jurídico.

Mediante a confrontação o ajudamos a tomar consciência dos mecanismos de defesa que o impedem de aceitar ou enfrentar a realidade, promovemos o autocontrole e a autoeficácia, eliminamos as crenças distorcidas que bloqueiam a pessoa e a faz pensar em sua incapacidade. Às vezes, são simples afirmações negativas sobre si mesma ou sobre a realidade que bloqueia o crescimento.

Cura biográfica

– *O que são as infirmidades.* Cada pessoa elege ou decide como viver. Mas nem toda forma de viver é adequada ao ser humano. Há formas de viver que tornam a pessoa mais plena, permitem-lhe maior crescimento ou maturidade, e outras que empobrecem, endurecem, fazem a pessoa mais infeliz, mais imperfeita, menos firme em sua existência, mais *in-firme*. A *infirmidade* a que nos referimos aqui se identifica com os falsos caminhos à plenitude, com as formas inadequadas de se viver como pessoa. Afinal, a *infirmidade* vem de pensar que somos deuses, de acreditar na autossuficiência, de pensar que não precisamos de ninguém para ser e crescer como seres humanos.

Na realidade, é preciso diferenciar entre um *infirmar* físico, uma desordem ou transtorno psíquico e um infirmar da pessoa. Também está claro que patologias biológicas se manifestam biologicamente (com ressonâncias afetivas), que patologias psíquicas se manifestam biológica ou psiquicamente (ou de ambas as maneiras) e que as patologias pessoais podem se manifestar biológica e psiquicamente ou não apresentar nenhum sintoma, exceto o próprio viver despersonalizante.

Qual é a chave que dá origem à infirmação? Não ser fiel a si mesmo como pessoa, levar uma vida impessoal que não responde à ordem objetiva e aos valores pessoais, o que é o mesmo que, em termos existencialistas, levar uma vida inautêntica, ou seja, não responder à própria chamada.

Três dinamismos são essenciais na pessoa: seus dons são colocados em jogo para alcançar a plenitude, agir a partir de um sentido e da experiência de abertura e relacionamento em um contexto comunitário. Do mesmo modo, o desenvolvimento pessoal só é possível com outros, e não de qualquer forma, e sim como experiência comunitária. Por último, seria impossível qualquer atividade sem um sentido pelo qual levar a cabo essa atividade. Para isso, existe um requisito prévio: a abertura e o contato com o real.

As principais causas da infirmação pessoal são:
– Bloqueio de alguma de suas capacidades pessoais ou desenvolvimento somente de uma delas em detrimento das demais.
– Perda de sentido.
– Perda da dimensão comunitária.

– Ruptura do contato com o real.

– Fuga da finitude.

A cura não pode ser reduzida a processos de bom funcionamento biológico ou mesmo psíquicos. O nível em que nos situamos é, pois, mais profundo.

Curar a infirmação

🗲 Vendo de uma *perspectiva personalista*, o processo de cura é aquele em que ocorrem os acontecimentos personalizadores e terapêuticos.

Quais são esses acontecimentos?

– *Ter consciência da própria dignidade pessoal.* A pessoa no processo de cura precisa tomar consciência de que é pessoa e não coisa, isto é, que tem valor por si mesma, um valor infinito, e que não se trata de simples objeto prejudicado e "inservível".

– *Recuperação e atualização das capacidades ou potencialidades da pessoa.* A pessoa precisa redescobrir e recuperar suas capacidades, qualidades e características, e colocá-las em jogo de forma integrada. Quando a pessoa consegue reconhecer a riqueza que isso implica, será capaz de fazer o seu caminho para o processo de recuperação. E isso ocorrerá, em primeiro lugar, acompanhando a pessoa para que ela tome consciência de suas capacidades intelectuais, afetivas, volitivas e corporais. Entretanto, tomar consciência de suas *capacidades* não basta. É preciso colocar em jogo esses dons ou capacidades. Em segundo lugar, essas *qualidades* precisam crescer integradas. A superação do intelectualismo, o voluntarismo, o sentimentalismo ou o hedonismo corporal são condições essenciais para uma cura integral.

– *Ter consciência do sentido da própria vida*. Muitas psicoterapias existenciais reivindicam que a pessoa possa viver a partir de um sentido existencial: de Frankl a Rollo May e Binswanger. Onde experimentar o acontecimento do sentido? Esse sentido é descoberto, primeiro de tudo, com os outros. É com os outros que vivo comunitariamente e são eles que me dão sentido, um contexto de significado que peneira e comunica o que está em minha própria cultura. A própria relação com os outros é fonte de significado, é iluminadora, curadora, enriquecedora. Em segundo, as capacidades ou potencialidades que sou não estão em mim estaticamente, e sim sou chamada para o jogo. E me chamam de maneira determinada. É a *orientação pessoal para a ação*. Trata-se, portanto, de descobrir o *para quê* pessoal. Mas, em terceiro lugar, o sentido encontra-se no que nos sucede. Nem tudo está em mim, nem tudo é previsível. A pessoa tem que ir respondendo às circunstâncias que surgem e sobre as quais ela às vezes tem controle e, em outras, não. Então, a descoberta do que é realmente valioso, que geralmente ocorre em tempos de dor, culpa, morte, doença, mas também em momentos de alegria, é o que guia o que vem depois.

– *Recuperando o encontro*. O acontecimento do *encontro* é o mais decisivo para a recuperação da pessoa. Não é um acontecimento de simpatia ou de empatia, e sim de inclusão mútua, dos dois estarem em mútua presença fecundante. E isso ocorre em um plano duplo: no da *acolhida* e no da *doação* ao outro. E isso de modo recíproco. Para tanto, é preciso descobrir o outro como pessoa, o que só ocorre quando essa pessoa é tratada como tal e não como parceira ou como coisa. Depois, o acontecimento do encontro pode começar sendo assimétrico, sendo primeiro o acompanhante que aceite o outro como ele é, o compreenda, chame-o pelo nome, ofereça seu próprio rosto (não o que ele tem de fato, mas aquele que ele é chamado a ter) e mostre a ele o que o preocupa. Em segundo lugar, ocorre uma fundamentação pessoal: um dá apoio para o outro (material, afetivo...), (possibilitante) (sendo a principal possibilidade oferecida pela própria pessoa do acompanhante) e, em terceiro lugar, impulsante. Buscamos, portanto, a saúde relacional: evitar vieses na relação, melhorar a comunicação, o diálogo e as habilidades sociais, a resolução de conflitos, o perdão e o agradecimento (notas chamadas "relações saudáveis e curativas"). Antes de tudo isso está o *olhar* adequado para os outros (pela sua dignidade, e nunca o vendo como coisa), a capacidade de expressar afeto e ternura e de reconhecer a interdependência dos outros.

Despertar espiritual

Além de ser uma unidade psicossomática, a pessoa é uma unidade psicossomática espiritual.

Por "espiritual" nos referimos à dimensão profunda que constitui a pessoa, que a unifica e personaliza. Nessa dimensão, não podemos falar a rigor sobre a doença, mas sim de anestesia ou do sono. É bastante comum encontrar pessoas cuja dimensão espiritual está dormindo, no sentido de que não estão conscientes disso, não cuidam dela, não a acessam ou vivem nela.

Nesse âmbito, mais do que cura, *o caminho é despertar a pessoa do eclipse de espiritualidade em que vive, da sonolência interior na qual está instalada.* Por isso, em vez de "cura" espiritual, preferimos falar do "despertar" espiritual, que não é mais nem menos que o despertar da dimensão mais profunda do próprio ser humano.

– *O que é a dimensão espiritual*. Como dizíamos, a pessoa não é só uma unidade psicossomática, como geralmente se diz. É necessário levar em consideração uma terceira dimensão, a definitiva, a que nos personaliza, a que nos torna um corpo e uma psique *pessoais*. Nosso corpo não é um corpo animal, mas: é um corpo pessoal. Portanto, não é a biologia a que tem a última palavra sobre o significado desse corpo. E o nosso psiquismo não é um psiquismo animal, mas: é um psiquismo pessoal. A psicologia não tem, pois, a última palavra sobre o significado dessa psique. Estamos nos referindo ao que é tradicionalmente chamado de dimensão espiritual.

> ✋ Um acompanhamento integral deve contar necessariamente com essa dimensão, que é a que permite que a pessoa ponha em jogo sua realidade mais profunda, descubra e seja capaz de se comprometer com os valores, considerar as grandes perguntas de sua vida (quem eu amo, o que espero, em que eu creio), seja capaz de apreciar um sentido global para sua vida...

A pessoa, enquanto ser espiritual, tem sempre a *capacidade de se posicionar diante de si mesma, diante de seu corpo e de sua psique*. Mesmo que meu corpo tenha impulsos e minha psique motivos, há sempre algo em mim, a dimensão espiritual, que me permite decidir sobre ou contra meus impulsos e motivos, dependendo dos valores descobertos ou de um profundo sentido.

> 🔍 A pessoa é assim porque isso é dela e, portanto, está enfrentando a realidade. Ser uma pessoa é, por sua dimensão espiritual, a capacidade de estar diante do mundo e de si própria, ser dona

de si mesma. É por isso que a pessoa pode possuir a si mesma, possuir sua vida: porque está diante de si mesma.

A pessoa está *livre* do real e de si mesma enquanto realidade, tem capacidade de se distanciar do psicofísico e, portanto, de agir em sua dimensão corporal e psíquica. Essa capacidade de domínio e direção de si mesma deve-se à dimensão espiritual, cujo âmbito é aquele em que acreditamos, o que esperamos e daqueles a quem amamos.

Esse autodomínio e autocontrole possibilitam também algo muito importante: que todas as capacidades naturais, as adquiridas e as que os outros nos dão na vida e nas experiências, não esgotem o que somos.

Não somos simplesmente o que nossas capacidades mostram, mas sim o que elas permitem: somos o que fomos chamados a ser e o que podemos vir a ser.

Da mesma forma, essa dimensão é o que permite estar conscientemente aberto ao que a transcende e supera, ao significado das coisas e das realidades (e, portanto, é a base da capacidade de compromisso: quem não vê o valor de alguma coisa não se compromete com aquilo).

Naturalmente, esse âmbito também se abre para a experiência religiosa, para uma religiosidade libertadora, personalizadora, não moralizante ou fanática que promova a própria humanidade e não a envolva ou a enterre em culpa ou escravidão.

Convém explicar que a experiência religiosa é possível graças à dimensão espiritual da pessoa, mas isso se encaixa em uma espiritualidade sem religião. Os ateus também, por serem pessoas, têm uma dimensão espiritual que podem descobrir e cultivar. A experiência religiosa, quando acontece, é consagrada nessa dimensão espiritual. Mas não são dois termos sinônimos.

– *Como despertar e cultivar a espiritualidade.* O despertar da dimensão espiritual do acompanhado é imprescindível, pois, em toda pessoa, o mais profundo é o mais elevado, sendo ideais e valores, amores e esperanças, que mobilizam e energizam a pessoa. Não fomos feitos para viver sem tensões, em um equilíbrio homeostático, e sim em tensão amorosa, tensão ao que tem valor, tensão de esperança para a plenitude. O que nos move, no fundo, mais do que as necessidades e os motivos, são os nossos sonhos. Todos nós queremos crescer, ir além. Por isso, é preciso acompanhar as pessoas para que elas se ponham em contato com sua dimensão espiritual, com suas *fontes espirituais* ou de suas ambições, interesses e de seu eu mais superficial e padronizado. No primeiro caso, a experiência das próprias fontes espirituais arremessa a pessoa a alguma coisa maior, a ir além de si mesma. Em segundo, a pessoa se fecha em si mesma ou se dissolve fora de seu modo de vida.

✣ Para despertar e acompanhar a espiritualidade, é necessário perguntar ao acompanhado a respeito de várias experiências:

– *Pergunte a ele e o acompanhe na descoberta de quem é chamado a ser, em qual caminho está, sua chamada,* e descubra que dizer "sim" a esse caminho faz a vida começar a fluir.

– *Pergunte pelos seus ideais, pela grandeza que o dirige, fazendo a vida valer a pena ser vivida.* É o que se denomina *autotranscendência.* Autotranscendência é o fato de o ser humano estar voltado, direcionado, orientado para alguém ou algo, comprometendo-se com essa realidade, formando, assim, sua vida. É o sair dos próprios limites o que faz sentido à vida da pessoa. É por isso que a pessoa tem, acima de tudo, vontade de ter um sentido. Pararia essa autotranscendência se considerasse a si um fim, se buscasse apenas prazer ou outros objetivos inerentes como se fossem absolutos (que um time de futebol ganhe ou ganhe mais dinheiro, por exemplo). A autorrealização é um efeito espontâneo, resultado da realização de valores e da realização de um sentido. É apenas a existência totalmente humana que se transcende. Se procurar diretamente por realização, ela será um fracasso. A vida humana não consiste em realizar meras possibilidades, mas sim em realizar possibilidades valiosas.

O dinamismo mais profundo do ser humano não é o prazer, nem o poder, nem a felicidade, mas o desejo de significado. O desejo de prazer e o desejo do poder com fim existencial só se impõem quando o desejo de significado for frustrado. Devemos esclarecer que espiritual não pode ser identificado como religioso, embora o inclua. O espiritual é uma dimensão de toda pessoa e pode ser cultivado. Mas a experiência religiosa é uma experiência espiritual, entendendo com isso não uma fé superficial, ritualista e normativa, ligada a tradições (que é o que leva as pessoas cultas à indiferença e as pessoas simples à superstição), e sim uma fé viva, experiencial, encarnada na vida, com conversão de coração, experimentando Deus e respondendo a essa voz.

– Pergunte o que é realmente importante para ele, isto é, pelos seus *valores*. Naturalmente, o valor mais importante que o acompanhado vai descobrir é sua própria pessoa, ou seja, sua própria dignidade. A partir daí, irá descobrindo o mundo valioso e tudo aquilo que tem importância de ser realizado em sua vida, como se fosse "as regras do jogo de ser pessoa". E como os valores exigem sua realização, ficam representados pelos hábitos valiosos ou pelas virtudes. Depende das virtudes, pois, que possamos melhorar nosso potencial interior. Nosso acompanhamento conduzirá a pessoa a perguntar e a descobrir os valores estéticos, éticos, não éticos (a verdade, o conhecimento etc.), religiosos...

É tarefa, para quem acompanha, promover no acompanhado acesso às suas fontes interiores, mostrar-lhe caminhos que permitam indicar sua dimensão profunda, naquela em que fará muitas descobertas.

✦ *Alguns desses caminhos que podem ser propostos para cultivar a vida espiritual são:*
– *Fazer silêncio.* O silêncio é o que vai dar espaço à escuta daquilo que eu não sou. Isso significa, portanto, quebrar o ruído externo, mas especialmente o interno. O silêncio, porém, não se faz. Não é uma atividade. É um não fazer. Supõe um freio nas emergências e nos interesses imediatos. O silêncio é o exercício de viver o aqui e agora, renunciando a toda intenção. Portanto, o silêncio consiste em permanecer em si mesmo, em recuperar-se no interior para não se perder no exterior (ou no passado ou no futuro).
Estar em silêncio é ser hospitaleiro com as coisas e pessoas. Permitir-se habitar por eles e por si mesmo. O silêncio é receptividade, porque nos abre como o arado abre um sulco na terra: nos torna capazes de ser fecundados. Trata-se de estarmos atentos para poder fazer uma viagem ao coração. É uma atividade

oposta a espalhar e dispersar, típico de muita atividade. Guardar silêncio é o que a vida interior permite, e a vida interior é o que possibilita a descoberta do para quê da própria vida.

O silêncio é um tempo "inútil", não produtivo. É um não fazer, um estar sem pressa consigo mesmo. Um deixar-se morrer. E esse movimento é doloroso, pois não é a pessoa que prevalece. Por isso, o silêncio pode ser um momento de revelação, de descobrimento do próprio sentido, pois há abertura além de si mesmo. Acompanhar na experiência do silêncio é um primeiro passo e é essencial à espiritualidade. Mas essa tarefa é árdua, porque na nossa cultura estamos habituados ao ruído contínuo, à atividade contínua. O silêncio é aprender a ficar passivo, receptivo. E é para fazer silêncio e não simplesmente se calar, e sim deixar-se à espera, à escuta. É entrar em contato consigo mesmo e depois permanecer atento, sem qualquer pretensão. Significa romper com barulhos: externos, do próprio pensamento, da imaginação... Não basta fazer silêncio algum dia, e sim aprender a fazê-lo diariamente, serenar a vida no silêncio diário, talvez aprendendo a sossegar desde a atenção até a respiração, as sensações internas e, depois, aprender a ficar na escuta passiva, sossegada, improdutiva. Isso agora pode parecer muito estranho, precisando, sem dúvida, de um mestre que o faça recordar e guie a experiência do silêncio, pois um cego não pode guiar outro cego.

– *Fazer meditação.* A meditação é uma forma de ampliar a própria consciência, além de um meio para restabelecer o equilíbrio interior. Depois de aprender a fazer silêncio, exercitar-se na meditação é o próximo passo que pode ser dado aos alunos ou acompanhados, de forma a beneficiar o contato e a experiência de sua vida interior.

O que a meditação busca, inicialmente, é a serenidade e a visão correta das coisas, impedindo que a mente divague de uma ideia ou imagem a outra, que é o que acontece sempre com a mente. Desse modo, a pessoa consegue estabelecer contato consigo mesma e com a realidade. Existem várias formas de meditação. As mais adequadas para se trabalhar com o acompanhado, se este não tem costume de meditar, são as seguintes:

— *Primeiro tipo de meditação* é aquela que consiste em prestar atenção na busca plena da consciência daquilo que se sente e do que se escuta, sem escolher nada de concreto onde colocar a consciência. Somente ficar atento.

— *Outro tipo de meditação* mais elaborada é a que consiste em se concentrar na atenção em um ponto só. Tanto a tradição cristã monástica como a budista propõem esse modo de meditação, que consiste em focar a atenção em um só ponto, objeto (chama da vela, mantra, frase, centro corporal, a própria respiração etc.). A forma adotada no monacato cristão era chamada *ruminatio* (a ruminação), que consiste em associar a respiração a uma palavra e atendê-la, de modo que a palavra (ou *koan*, ou jaculatório, ou versículo, ou mantra) penetre no fundo do coração. Associa-se uma palavra à respiração para não divagar. O fruto é serenidade.

O *lectio divino*, por sua vez, consiste em degustar sem pressa a palavra da Escritura, para apreciá-la, saborear em silêncio, sem reflexionar. Conduz a uma experiência interior em que me detenho em silêncio.

— *Uma terceira forma de meditação* é a meditação da busca, em que uma parábola, uma metáfora, ou uma questão, nos interpele sem nenhum tipo de barreira.

– *Fazer oração*. Após a experiência de silêncio e meditação, pode-se acessar, de forma mais proveitosa, as experiências da oração. Trata-se de uma experiência promovida pelas diversas religiões. Para aprender a fazer uma oração, não há outra forma se não propiciar frequentes momentos de oração, mais breves durante o dia e talvez mais longos em outros momentos. Os exercícios espirituais tradicionais continuam sendo uma experiência revolucionária e deixam marcas profundas em quem os pratica.

– *Promover encontros frutíferos com pessoas vitalizadoras, com testemunhas que tenham intensa vida interior.* Uma das experiências mais importantes, depois do silêncio, da meditação e da oração, que ajudam muito no desenvolvimento da vida espiritual, é o encontro com pessoas de "alta voltagem humana e espiritual". Pode ser por contato direto ou através do conhecimento do estilo de vida dessas pessoas. Em ambos os casos, abrem-se grandes perspectivas ter algum tipo de contato com essas vidas.

12. Enfrentando a dor

O que é a dor?

A vida é toda tecida de alegria e de dor. Por isso, ser acompanhado no enfrentamento humano da dor é uma parte importante de todo o processo de acompanhamento. A dor é indescritível, pois consiste em uma sensação primária, básica. Podemos descrevê-la, no entanto, como uma sensação intensa, física ou psíquica, profundamente irritante e indesejável, como reação a algum mal físico, psíquico ou espiritual que a pessoa sofra. De qualquer forma, a dor é testemunha de nossa finitude e dos obstáculos que encontramos pelo caminho da vida.

☙ A dor é a pontada física, psíquica ou espiritual que faz nossa limitação se manifestar. Se for psíquica, mostra nossas mágoas, nossas perdas. Se for corporal, nossas doenças, enfermidades, incapacitações, disfunções. Se for espiritual, mostra a perda de significado, culpas, frustrações e imperfeição. Constitui uma experiência universal, inesquivável e o caminho à maturidade para toda pessoa, pois a vida passa pela conjugação entre dor e alegria.

Somos responsáveis por como enfrentamos a dor

A dor existe como uma *tarefa*, como um caminho que tem que ser percorrido para se viver como pessoas.

Somos sempre responsáveis pelo modo como reagimos ao que nos acontece. Às vezes, a situação nos é imposta, não depende da nossa vontade (um acidente, ficar desempregado, uma morte...). Mas está sempre em nossas mãos o modo como podemos responder e reagir.

É preciso enfrentar a dor, senti-la. Sofre? Logo existe. Está doendo? Então, aí está uma oportunidade única para crescer, porque foi revelado quem você é realmente, suas carências, suas fraquezas. Fugir da dor é perder uma oportunidade única para retomar sua própria vida de modo intenso. Refugiar-se em um mundo ideal, nos anestésicos que me distraem momentaneamente, proporcionando-me prazer que em seguida torna-se dor, no ressentimento, no trabalho, dão respostas falsas ao aparecimento da dor. Tem que se atrever a experimentar a dor, pois ninguém chega ao oásis senão pelo deserto; ninguém chega à luz senão pela escuridão.

Diante da dor que chega, podemos dizer "sim" ou "não". Mas teremos que viver isso. A dor desperta a alma que dorme, nos desmascara de nossos personagens. Por isso, não é bom quando os pais evitam que seus filhos não se cansem ou não sintam dores. Não faz bem à sociedade evitar que os jovens enfrentem a vida, se cansem ou entrem em contato com o esforço, porque enfrentar a dor é aprendizagem fundamental.

A dor não é o fim da existência, é seu caminho. A dor é um caminho a percorrer. E devemos passar por isso, porque ela nos leva a encontrar o essencial de nós mesmos. Quantas pessoas, com a morte de um ente querido ou com a própria doença, descobriram ou tiveram uma luz sobre alguma coisa essencial em sua vida! A dor nos leva ao mais autêntico, a pôr em jogo o melhor de nós, a crescer, a viver o que é essencial, dissolvendo o que acontece por acidente que nos possa distrair.

Tipos de dor

Para acompanhar a dor do outro, além de assumir as próprias, é preciso perceber de que tipo é a dor do acompanhado, no que se refere à *sua origem ou solução*.

🔎 Com respeito à origem, temos que distinguir entre as dores que foram causadas por mim e as que não foram, e, sim, que são acidentais, que entraram na minha vida sem que eu quisesse. Assim, uma dor de estômago que surge depois de um banquete em que me excedi, é uma dor física provocada por mim. Ter sido atropelado na faixa de pedestre por um motorista bêbado; ter sido despedido da empresa por falência; é algo que acontece sem que eu queira.

As primeiras, as produzidas por mim, podem ser de dois tipos: *as que foram causadas pela minha imaginação*, pela minha insistente reflexão de um problema ou circunstância, e *os problemas e sofrimentos que resultam, objetivamente, da minha forma de agir ou reagir*. Isso geralmente acontece, disse William James, com aqueles que estão firmes em seus princípios, pois a maior parte dos sofrimentos e dores na vida tem origem naquilo que tememos que aconteça e não no que realmente acontece; tem origem na interpretação errada que damos ao que ocorre e nem tanto no que de fato ocorre. Portanto, é nossa imaginação descontrolada que costuma dar esse mal passo e causar nosso sofrimento. Sofremos, por exemplo, porque julgamos que a situação em que nos encontramos não é a que merecíamos, ou por imaginar a desaprovação do outro pelo que fazemos, ou por temer que vai acontecer ou não alguma coisa. Sofremos, enfim, porque não estamos contentes com a nossa sorte e situação atual, que ocorre não só porque não vemos todo o bem que temos, como também porque nos comparamos com os outros. Mas também há outras vezes em que a dor e o sofrimento são causados pelo meu próprio caráter, por não querer perdoar alguém, por ressentimento, rancor, ou pelas consequências de alguma coisa errada que foi feita ou decidida no passado.

Sobre sua evitabilidade, as dores podem ser *evitáveis ou inevitáveis*. Em primeiro lugar, há dores evitáveis, há dores que, uma vez que chegam, podem ser minoradas ou eliminadas, cuidando de modificar as causas que a produziram. Assim, se o problema é estar fora do peso, posso resolver isso comendo um pouco menos e fazendo esporte. Se o problema são as reações produzidas por meu mau caráter, posso tentar suavizar minha expressão e tornar-me mais amável. Porém, há *dores inevitáveis*, dores, situações e circunstâncias cuja causa não pode ser modificada ou cujas consequências são irreversíveis e insuperáveis.

Enfrentamento da dor evitável

O primeiro tipo de dor evitável que pode acontecer na hora de acompanhar alguém é o sofrimento que vem da sua imaginação.

É frequente que alguém pense: "Estão zombando de mim", "Tenho que acabar com tudo o que me propus", "Minha situação não tem mais jeito...", "Ninguém me entende", "Dá tudo errado". Aqui também entram os medos: "E se me acontecer algo?", "E se não conseguir?", "E se...?". Em todos esses casos, é a imaginação do acompanhado que lhe está pregando peças.

A esse respeito, pode ser esclarecedor levar em conta alguma das frases mais conhecidas de autores estoicos. Pedir para o acompanhado ler é uma excelente forma de biblioterapia aplicada à consciência da origem do próprio sofrimento (quando vem da minha imaginação, dos meus medos e das minhas distorções cognitivas), pois permite perceber que "Não é o fardo que nos derrota, mas como o carregamos". Paremos um minuto em nossa reflexão para dar espaço às frases de Marco Aurélio e Epiteto.

📖

— "As coisas não afetam a alma, e sim permanecem fora, imóveis e as perturbações nascem somente da avaliação interior" (Marco Aurélio).

— "Quanto tempo livre ganha o que não olha o que diz, faz ou pensa o vizinho e sim só o que ele mesmo faz [...]. Não olhe ao seu redor, e sim corra na linha, direito, sem fazer marolas" (Marco Aurélio).

— "A felicidade e a liberdade começam com a clara compreensão de um princípio: algumas coisas estão sob nosso controle, outras não. Só depois de lidar com essa questão fundamental e aprender a distinguir entre o que você pode e o que não pode controlar, é que a tranquilidade interna e a eficácia externa se tornam possíveis" (Epíteto).

– "Recordemos também que, se pensamos que podemos pegar as rédeas de coisas que por natureza escapam ao nosso controle, ou se tentamos adotar o negócio do outro como próprio, nossos esforços estarão destruídos e nos convertemos em pessoas frustradas, ansiosas e críticas" (Epíteto).

– É muito comum nos sentirmos decepcionados, quando não conseguimos o que queremos, e que nos aflijamos quando conseguimos o que não queremos. Em troca, evitam-se só as coisas indesejáveis que são contrárias ao seu bem-estar natural e que estão sob controle, nunca ficará envolvido em algo que não queira realmente. No entanto, se procurar evitar fatalidades como uma doença, a morte ou o infortúnio, sobre os quais não há controle real, você vai sofrer e também quem o rodeia. Faça tudo o que estiver na sua mão para conter o desejo. Pois, se deseja algo que escapa ao seu controle, com certeza ficará decepcionado; enquanto isso estará descuidando das coisas que estão sob controle e que são merecedoras de desejo" (Epíteto).

– "As circunstâncias não aparecem para satisfazer nossas expectativas. As coisas acontecem por si mesmas. As pessoas se comportam como são. Aproveite o que realmente tem. Abra os olhos. Tem que ver as coisas tal como são, e, assim, evitará a dor dos falsos vínculos e da decepção evitável [...] *não são as coisas que nos transtornam*, e, sim, nossa interpretação de seu significado. As coisas e as pessoas não são o que desejamos que sejam nem o que parecem ser. São o que são" (Epíteto).

– "No lugar de desviar o olhar dos acontecimentos dolorosos da vida, olhe para eles de frente e pense neles sempre. Enfrentar a realidade da morte, da doença, da perda e a decepção liberará falsas ilusões e esperanças, a tempo de evitar pensamentos infelizes e desagradáveis" (Epíteto).

– No caso de a imaginação ser a causa do sofrimento e da infelicidade, basta ter consciência de que é assim e confrontar o acompanhado com a realidade. Para isso, tente estabelecer um diálogo socrático, conforme explicamos ao falar da raiz das distorções cognitivas e das interpretações erradas, confrontando o acompanhado e o ajudando a reenquadrar-se. Remetemo-nos a esse título. Por outro lado, deve-se levar em consideração que o sofrimento aumentou devido à ruminação da situação, devido às queixas, medos e arrependimentos internos do acompanhado. Com certeza, a maior parte dos sofrimentos procede da própria ruminação (isto é, ficar dando voltas nos problemas sem conseguir solucioná-los). Portanto, é preciso romper com esse "dar voltas" por meio de diversas distrações ou decidir deixar uma hora certa do dia para fazer isso, impedindo essa atividade no restante do tempo.

– O segundo passo é acometer as dores, tanto as causadas por si mesmo como por outros motivos, as quais sejam objetivamente evitáveis. Nesse caso, o procedimento para o acompanhamento consiste em ter um diálogo no qual o acompanhado deve descobrir por si mesmo o que pode fazer e como fará, abrindo diversas possibilidades e planejando como realizar o que for mais adequado.

✔ Uma sessão de acompanhamento para evitar dores evitáveis teria que ter a seguinte estrutura, que se desenvolve mediante perguntas abertas ao acompanhado:

– Qual é a situação?

– O que quer conseguir? Qual seria, para você, a situação ideal?

– Você conta com o que para se aproximar dessa situação?

– O que o impede de chegar a essa situação?

– O que pode fazer para conseguir isso? Quais possibilidades você tem?

– Que passos pode começar a dar?

– Como, concretamente, e quando vai dar esses passos?

– Quem ou o que pode ajudá-lo?

Terminaremos sempre com outras questões:

– O que você descobriu? O que aprendeu?

– O que facilitou para que avançasse?

– O que faltou nessa sessão?

– Como nos sentimos?

Em tempos sucessivos, começaremos revisando o que aconteceu e as medidas tomadas efetivamente desde o último encontro.

Enfrentamento da dor inevitável

A dor mais difícil de acompanhar, porque é mais difícil de viver, é a inevitável, seja qual for sua origem. Nesse sentido, pode ser útil ao acompanhante as seguintes estratégias:

Somente crescendo, posso enfrentar e acompanhar a dor

Um rei reuniu, um dia, seus sábios e lhes perguntou o que poderia fazer para enfrentar um grave problema que, aparentemente, não tinha solução. Um dos sábios se aproximou e, em um quadro-negro, desenhou uma linha vertical dizendo a ele:

– *Majestade, responderei vossa pergunta se me disser o que fazer para que esta linha seja menor, sem apagá-la.*

Depois de pensar na resposta, o rei fez duas coisas: primeiro, ficou mais distante da linha, vendo-a, assim, menor. E, em segundo lugar, traçou outra linha muito maior junto à primeira, parecendo esta, menor.

Então, o sábio disse:

– *Com efeito, majestade, encontrou as duas respostas.*

Um problema grave pode se tornar menor se conseguirmos tomar distância dele; e, em segundo lugar, quando crescemos como pessoas conseguimos que o problema pareça menor.

Este breve relato nos mostra de maneira simples dois modos básicos de enfrentar a dor causada por ver nosso ente querido sofrer, tornando possível ajudá-lo, efetivamente, sem "morrer na tentativa": primeiro, mantendo distância interior. Segundo, trabalhando para o nosso crescimento pessoal.

– Em primeiro lugar, *tomamos distância quando conseguimos espaço e tempo em que recuperamos nossa própria vida*, que nos permitem respirar, que supõem um descanso em relação a uma situação que nos deixa muito tensos ou muito absorvidos. Não há como viver uma situação saudável (ou um relacionamento), se, após o contato com ela, não houver afastamento, distância. Não somos melhores pais, esposos ou acompanhantes por nos deixarmos absorver pela situação de quem estamos acompanhando ou de quem convive conosco. Uma pequena viagem – quem puder – ou mesmo um passeio, uma leitura, ficar em silêncio, fazer uma oração, praticar esporte, encontrar com amigos e qualquer outra atividade que permita tomar distância do problema, não ficar sob influência psíquica, colocar a cabeça e o coração em outra coisa, serão atitudes que nos irão trazer alívio. Quer dizer, trata-se de "respirar", de conseguir que meus pensamentos e afetos não fiquem o dia todo resmungando "tenho um problema". Então, damo-nos a chance de nos serenar, de retornar às coisas com mais calma, sem estresse, para que as sensações e os sentimentos interiores se aflorem.

— *Esvaziar meus afetos de dor e preocupação externalizando, contando a alguém ou escrevendo.* Colocar as coisas para fora de mim. Só assim poderei manejá-las. Sem dúvida, em alguns casos, pedirmos ajuda a um profissional (psicólogo, acompanhante, educador social, assistente social...) é também muito importante, porque isso nos ajudará a tomar distância do nosso problema, compreendendo-o em sua autêntica magnitude, serenando-nos e vendo quais são as vias de enfrentamento. Explicar o problema aos outros e compartilhá-lo ajuda. Mas ajuda não porque eles agem como um lenço para as lágrimas (reclamar serve apenas para aumentar a sensação de dor), mas porque mostram alternativas e formas de solução que nós, em nossa dor, nem sequer intuímos.

— Assim, meu *crescimento ajuda a acompanhar a própria dor e a dor dos outros.* Mas quando cresço? Quando coloco meu centro de gravidade no que realmente importa na vida, quando descubro ou recupero o que realmente faz sentido para mim e vivo a partir daí e não de preconceitos, respeitos humanos, "do que eles dirão", das falsas expectativas de uma vida "sem problemas" ou da busca de sucesso ou bem-estar. Ao contrário, quando recuperamos a autêntica dimensão das coisas (e precisamente a dor ajuda nisso), começamos a crescer.

Quando o importante é o valor, comprometido com o que vale a pena, numa atitude de lutar e dedicar meu tempo e esforço ao que é realmente valioso, assumindo a responsabilidade pelo que tenho que viver, descubro que a dor é uma tarefa, um caminho a percorrer como pessoa. A dor que me atinge, o sofrimento e a situação do meu filho, parente ou amigo, em muitos casos, não foi causada por mim. Mas depende de mim como lidar com isso, da minha atitude em relação ao que acontece comigo. Assim, na prisão ou num campo de concentração, as condições externas são impostas e dão à pessoa uma mínima capacidade de ação. A pessoa não tem praticamente nenhuma margem de ação: é simples receptáculo passivo (inclusive de ações violentas). Mas ela pode adotar uma atitude ou outra mediante o que passa: é isso que está – *in extremis* – sempre na mão de cada pessoa. Nessa situação, ela pode se libertar das condições em que está e ficar livre para cumprir seu próprio caminho interior. Daí descobre que a dor não é uma maldição, e, sim, um caminho e uma oportunidade. Essa tarefa é pessoal e intransferível. E a pergunta que precisa ser respondida já não é mais "por quê?", e sim "como?" e "para quê?".

– *Descobrir e banir as ideias negativas.* Vejamos outras frases do filósofo grego Epíteto, que nos mostra que disposição prévia temos que ter para enfrentar de forma adequada o caminho da dor:

📖

– "As coisas, por si mesmas, não nos prejudicam nem põem obs-táculos. Tampouco as outras pessoas. A forma com que vemos as coisas, nossas atitudes e reações são as que nos causam problemas."
– "Não temas a morte e a dor; tema o temor da morte e da dor."
– "Não exija que os acontecimentos ocorram como você deseja. Aceite-os tal como são realmente. Assim, será possível ter paz."
– *"Todo acontecimento implica algum benefício para você; basta buscá-lo."*

Parece que o filósofo indica que, para nos livrarmos do sofrimento, ou pelo menos enfrentá-lo sem nos afundarmos, não se deve impor condições. Não posso dizer: "Vou ficar bem, quando conseguir isso ou aquilo", porque então nunca estarei bem e, quando estiver, será por pouco tempo e sentirei medo de perder isso.

Outras vezes, sofro porque me sinto ameaçado. Mas, frequentemente, não sou eu quem está ameaçado, e sim meu personagem, meus desejos, meu prestígio, meu dinheiro, minha imagem social. Temos medo do fracasso, de não conseguir o que desejamos, que as coisas não funcionem segundo meu ideal, e isso nos faz sofrer. Por que não mudar as expectativas? Por que não se abrir ao que a vida lhe dá a cada dia? Na verdade, no final, toda pessoa descobre que nem mesmo conseguir o que se quer leva a uma felicidade duradoura e que o que acontece não pode tirar sua felicidade, mas que se viverá do que as coisas são e não se sofrerá porque não são como se imaginava que deveriam ser.

É preciso se desfazer dos sentimentos e das ideias negativas. Nós aumentamos ou criamos o problema através do que pensamos sobre o que acontece. É um exemplo disso o que ocorre com uma pessoa anoréxica: sofre não por que esteja gorda, e sim porque *pensa* que está gorda. Então, que boas notícias! Para começar a ficar bem, não é necessário que alguma coisa mude imediatamente. Tenho que começar mudando a mim mesmo e ao modo como percebo a situação.

Então, o que fazer? É preciso olhar tudo que tenho de bom, o que me resta, sem me acostumar a nada, sem me apegar a nada. A tarefa, pois, é ter contato com o real, ter consciência de tudo o que há de bom em mim, na minha vida, nas minhas pessoas queridas. Ter consciência a cada manhã de tudo o que há de maravilhoso na minha vida. Somente aumentando a luz podemos vencer a escuridão.

Autotranscendência

✎ Martin Gray nasceu em Varsóvia em 1925, no seio de uma família judia, e tinha 14 anos quando os alemães converteram sua cidade natal em um gueto. Perdeu toda a sua família e foi deportado para o campo de concentração de Treblinka, embora tenha conseguido fugir. Depois da derrota do III Reich, emigrou para os Estados Unidos, e ali se tornou um afortunado homem de negócios. Não obstante, seu desejo mais íntimo era formar uma família. Conversando com sua esposa, Dina, compreendeu que finalmente poderia realizar seu sonho. Já casado, mudou para Cannes, onde construiu uma linda casa no meio de um bosque, e ali foram nascendo seus quatro filhos. Porém, em 3 de outubro de 1970, Dina e seus quatro filhos morreram em um incêndio florestal. Qualquer um teria afundado. Mas Martin Gray fez de sua desventura um bálsamo de cura: primeiro criou uma fundação para lutar contra a destruição da natureza e depois começou a escrever. Alguns amigos propuseram a ele abrir uma investigação para descobrir as causas do incêndio, poder encontrar culpados e cobrar uma indenização. Mas Gray não quis perder recursos nem energias olhando para o passado e se propôs a olhar para o futuro. A vida, disse, não deve ser vivida contra alguém, e sim para alguém e para alguma coisa.

Para viver a dor é preciso transcendê-la: sofrer por alguma coisa ou alguém, sofrer para algo, encontrar um sentido. A dor não tem fim em si mesma. Se fosse assim, estaríamos falando de uma patologia masoquista. Pelo contrário, a dor com sentido é sacrifício, doação. Se sofro junto a meu pai, porque minha companhia pode ser um caminho para a sua recuperação, é uma dor com sentido. Se sofro porque meu filho não corresponde às minhas expectativas acadêmicas sobre ele, então é um sofrimento inútil.

Viktor Frankl comenta vários casos de pessoas que, após a morte de uma pessoa muito querida, ficam abatidas, deprimidas, sem sentido. Nesses casos, não adianta nada a medicação (na realidade, só serve para aumentar o problema, mas não resolve nada). A chave para evitar o sofrimento é uma transformação na forma de pensar e interpretar o acontecimento, pensando que tudo o que viveu com essa pessoa não foi perdido para sempre, e sim permanece vivo para sempre (está a salvo da contingência). Aprecia-se o tempo que viveu com essa pessoa.

> 🖐 A dor pode ser vivida de múltiplos sentidos: como sacrifício por outros, como forma de realização da própria dignidade ou do próprio valor, como sacrifício por uma grande causa, como compensação por um dano infligido, como modo de evitar a dor do outro, como um resultado de afeição por outra pessoa, como uma maneira de experimentar Deus de perto como um ser próximo que nos acompanha na dor. Então, a pergunta é "eu, por quê?" muda para "e por que não eu?".

Em todos esses casos, a dor é uma *oportunidade* para viver intensamente minha própria vida, para amadurecer – pois é justo nesses momentos que acontecem as melhores oportunidades de crescimento pessoal. Para isso, é preciso encontrar sentido. Por amor a alguém, como sacrifício pela coletividade, nação, ciência ou arte, para dar uma resposta a algo muito valioso, por motivos religiosos (como a própria purificação, ser "podado" para dar mais frutos, o sacrifício pelos outros ou compartilhar a dor da cruz) ou por assumir a dor de outros, levando sua carga.

– *Somos maiores que a nossa dor.* Somos maiores que a nossa dor. Posso ser prejudicado por diversas coisas, mas sou maior do que meu prejuízo. Pode estar em nós, mas somos maiores que a nossa dor, nossa enfermidade, nossa condição.

Devemos, então, nos distanciar da dor, colocá-la em seu lugar. Trata-se de contemplá-la, de deixar que fique ali, de dialogar com ela, de lhe dar forma, sair de nós em direção ao que nos dá sentido. Pelo contrário, permanecer em nós mesmos, ruminando a dor, isso nos destrói. É uma fonte de sofrimento. Nesse sentido, pode ajudar o *focusing*, que propõe um modo de experimentar nos sentirmos maiores que nosso o problema, porque o visualiza e o coloca fora de nós.

🔎 O *focusing*, proposto e desenvolvido por Eugene Gendlin, filósofo norte-americano nascido na Áustria em 1926 (bem relacionado com C. Rogers), parte de que o corpo representa a pessoa toda. Não é mero instrumento e sim um corpo habitado. Por ser pessoal, nosso corpo tem sabedoria, manifesta a pessoa de modo sensorial. O *focusing* é um processo e uma técnica que permite tomar consciência da própria experiência através da *sensação sentida*, que é a sensação corporal vinculada a um afeto interior, provocada por uma experiência real ou imaginada.

O *focusing* acontece quando prestamos atenção no interior para tomar consciência da sensação holística, difusa, focalizável, que ressoa e que está localizada no corpo. A atenção é dada ao que o corpo sente, quando você tem certas afeições ou sentimentos. Não atendemos, portanto, as simples sensações orgânicas, e sim as sensações físicas juntas com as sensações psíquicas. Tampouco nos interessam as simples ideias ou dados. A experiência-chave é a da "sensação sentida". Permite-se que a sensação entre em interação e se concretize em palavras ou imagens, o que favorece o surgimento de novos significados. É exatamente isso que levará a mudanças futuras.

Trabalhar com sensações sentidas exige não deixar de mediar com a razão, o juízo, os discursos racionais (penso, creio, me parece, está certo, é conveniente). Sabe-se que se está fazendo mal quando se contam histórias, se racionaliza, se explica o porquê de alguma coisa, se fala no passado. Queremos partir da experiência e não de falar sobre a experiência. Temos que nos permitir "tocar" interiormente naquilo que precisa ser mudado. É preciso entrar na experiência e conseguir interpretar o significado que tenha para nós. E, para conseguir essa interpretação, precisamos entrar em contato com a experiência corporal.

✒ Para trabalhar essa sensação corporal, temos que propor ao acompanhado, em uma sessão de menos de meia hora, os seguintes passos:

– *Preparação: conexão consigo mesmo.* Com uma postura relaxada, deitado de barriga para cima, sem sapatos ou sentado com as costas retas, fazer respiração profunda e tomar lentamente consciência das diversas partes do corpo e, inclusive, da própria respiração. Depois do relaxamento, procurar entrar em contato com as sensações.

– *Esvaziamento de tanques ou "criação de espaço".* A mente e a imaginação estão geralmente ocupadas em diversos tipos de ruído. É feito um inventário consciente de tudo o que há dentro: pensamentos, projetos, preocupações, conversas internas, atividades previstas, lembranças. Trata-se de "criar espaço" interior para chegar ao nível onde está a sensação sentida corporalmente.

É preciso deixar de lado todas as nossas preocupações, análises, críticas, razões, planos, discursos internos, intenções... enfim, tudo aquilo que nos tem ocupado e ronda a nossa cabeça. Para isso, é bom imaginar, por exemplo, que colocamos tudo em um cesto imaginário que temos ao nosso lado.

– *Encontrar uma sensação sentida*. Fazer um exame de todas as sensações. Primeiro as positivas e, depois, as negativas. Tornar-se consciente dessa sensação que é imposta e que ressoa em algum lugar do corpo. O acompanhante pergunta: "O que está sentindo? Onde sente?".

– *Dar intensidade à sensação*. Com hiperventilação, se a sensação for negativa, ou com respiração ventral, profunda, se for positiva, a sensação aumenta.

– *Ancorar*. Localização corporal da sensação. Onde você sente a sensação? Ponha um nome e indique com a mão o lugar para "ancorá-la".

– *Oportunidade*. Encontre uma palavra ou uma frase que a sensação sugere e que reflita sua qualidade principal ou sua essência. Terá que ir da palavra para a sensação, percebendo se o ajuste é total ou se é preciso fazer modificações.

– *Simbolizar*. O momento-chave para nossos propósitos é encontrar, como oportunidade, uma imagem que emerja da sensação sentida e a simbolize ("É como uma faca, uma pedra, uma nuvem, uma esponja..."). Entreabrimos nossos olhos e deixamos a imagem sair, imaginando-a, objetivando-a. Para isso, usamos a respiração: ao expirar, ela é retirada e visualizada a cerca de um metro de distância. Diga internamente "Eu não sou isso". A partir desse momento, brinca-se com a imagem: muda-se sua forma, cor, posição, tamanho; se afasta. Vai descobrir que ela perdeu força e poder. Então, pergunte à imagem: "Que mensagem você quer me transmitir? O que quer me dizer? Em que pode me ajudar?". É preciso esperar a resposta, como uma mensagem que nos chega. Dessa maneira, captamos a mensagem positiva daquilo que dói e fere. Se quisermos, através da respiração e com a imaginação (fazendo, inclusive, gesto com os braços), podemos jogar o objeto fora. Se você quiser, pelo contrário, ele pode ser integrado novamente em alguma parte do corpo.

– *Explorar a sensação através de perguntas*. O facilitador fará perguntas como: "O que sente? Como sente? Onde sente? Quem você é? O que é? O que o aborrece ou o encanta nessa sensação? O que pode fazer com ela? O que ela pede para você fazer? O que é necessário que aconteça?" (e muitas outras). Todas menos: "Por quê?". As perguntas precisam ajudar a desbloquear situações na exploração. Em todo caso, é um trabalho com sentimentos, e não racional. Por isso, não se trata de fazer julgamentos e sim de expressar sensações. À medida que esse diálogo com a sensação vai acontecendo, surgirão mudanças e sugestões internas que devem ser recebidas.

– *Sutura*. Depois que houver alívio, evacuação sentimental ou controle emocional, e você descobrir algo novo, evocar algo do passado ou descobrir novas conexões, chegou a hora de encerrar o exercício. Trata-se de estender a todo o corpo o que se sente de positivo em um ponto do corpo, ou inundá-lo com o positivo que se manifestou, fazendo isso com as mesmas sensações, palavras ou imagens evocadas. Você se inunda, assim, de desejo de lutar, de viver. Os fios positivos para a sutura são os sentimentos e os elementos positivos que se manifestaram. A agulha será a respiração profunda. É preciso inundar o negativo com o positivo que encontramos em nós.

— *Voltamos ao aqui e agora pouco a pouco, saindo do estado de relaxamento, respirando profundamente várias vezes, abrindo os olhos pouco a pouco, incorporando-se lentamente.*

— Pergunte à pessoa que novidades descobriu ou o que ela reafirmou ou ficou mais claro, ou que novas relações entre os elementos interiores percebeu. Tudo isso é descoberto se houver ressonância corpórea. Pode ser verbalizado ou escrito, fazendo com que a razão entre em jogo, bem como o que foi aprendido e que propostas de ação surgem. Trata-se de tomar consciência das novidades descobertas ou das evidências que foram mostradas, e tirar conclusões para o futuro. Inicia-se um diálogo socrático: o que sentiu, o que pode ser feito e o que a pessoa tem que fazer para chegar a esse ponto. As perguntas adequadas seriam:

— O que sentiu? Como está neste momento? O que descobriu? O que a oportunidade lhe mostrou?

— Qual seria a sensação perfeita? Aonde a sensação levou você? O que gostaria de conseguir? Como gostaria de estar? Que desafio está delineado?

— O que poderia fazer para chegar a esse ponto? Por onde pode começar?

— Quando vai fazer isso?

— Quem pode ajudá-lo a conseguir isso?

A chave do exercício é que distanciamos nossa própria sensação e ficamos sabendo que podemos lidar com isso. É o sentimento de que, de uma maneira ou de outra, o acompanhado deve experimentar: que ele é maior que seu problema.

– *Escutar a dor*. É importante escutar a dor para saber o que ela nos diz, qual é o sinal, o que nos avisa, para que a temos. Já vimos a importância da interpretação da mensagem dos afetos negativos, que são afetos que nos fazem sofrer.

✋ Não elimine o sofrimento, antes de entender sua mensagem. A anestesia precipitada é uma perda. É preciso escutar a dor, atendê-la tal como é e não conforme nossa interpretação do que acontece conosco. As dores estão ali, mas não são nossas. É preciso escutá-las. Em muitos casos nos darão lições que encherão nossa vida de significado.

– *Aceitar a dor*. A aceitação da situação conflitiva e dolorosa constitui a hipótese fundamental de todo progresso pessoal, pois crescer como pessoa é caminhar até onde somos chamados diante *daquilo que somos e daquilo que há em nossa vida*, isto é, partindo de que as coisas estão como estão e são como são. Para isso, é preciso admitir que a realidade é como é, assumindo-a consciente e voluntariamente, sem ocultá-la, sem fugir dela nem iludi-la, enfrentando-a e, no caso de ser dolorosa, suportando-a criativamente.

✋ A *aceitação* é a atitude pela qual acolhemos como as coisas são, como é a realidade, como estão as pessoas ao nosso redor e até como nós mesmos somos, o que somos e o que acontece conosco. Não consiste em se deixar levar, e menos ainda em se resignar, e sim em conhecer e admitir as coisas como são. Somente partindo do conhecimento e da aceitação do estado de coisas, é possível caminhar até onde somos chamados. Caso contrário, podemos agir em terreno falso, na imaginação, fugindo, assim, da realidade.

– *A aceitação começa por si mesmo:* por quem sou, pelo meu temperamento e caráter, pelas minhas capacidades e limitações, pela minha própria história... e meu chamado! Do contrário, viverei com as máscaras, com os personagens que represento.

– A aceitação também abarca *a situação em que se está*, não para se conformar com ela, não para se contentar com ela, se puder ser mudada, mas para caminhar a partir dela em direção ao futuro. Se meu filho tem um problema, ele o tem. Se há essa situação em casa, há. Nada pode mudar isso, se não reconheço em que situação estou e onde estou.

– Em terceiro lugar, é necessário aceitar os outros com quem *tenho contato*, que são como são e não como quero que sejam. Aceitar que meu chefe, meu companheiro, meu vizinho é como é e está como está, é o começo para toda atividade terapêutica. A mentira nunca será terapêutica.

– Por último, é preciso aceitar a dor. Fugir da dor inevitável bloqueia o próprio crescimento, porque é uma fuga da realidade. Inclusive, o alívio da dor inevitável pode passar por sua aceitação e pela livre entrega a ela. Somente pela ousadia de atravessar as trevas sombrias da dor é possível caminhar em direção à alegria, somente pela escuridão vamos em direção à luz.

Aceitar a dor é me responsabilizar por ela. Uma vez que ela chegou, convém tomá-la como uma tarefa sua, sem projetar para fora suas responsabilidades. Trata-se de perguntar a si mesmo o que pode fazer para enfrentá-la e em que sentido é possível vivê-la. Naturalmente, é fundamental não se *livrar de uma dor causando males maiores* ou trocando por outros.

13. Projeto de vida

Elaborar um projeto é criar um plano de ação estabelecendo caminhos para chegar às metas ou aos objetivos. É um plano que o acompanhado precisa desenvolver, incentivado e apoiado pelo acompanhante, pois, através da elaboração desse projeto, fica claro que ele é o responsável pela própria vida. O projeto consiste em articular as diversas possibilidades em função dos diversos objetivos que o acompanhado assinalou, levando em conta seus ideais, indicando e especificando para cada objetivo os indicadores de suas conquistas e ações específicas a curto, médio e longo prazo. Em todo caso, no projeto, o acompanhado precisa indicar quem vai fazer, com quem, como, quando e em que termos, por quais meios e por quê.

– Acompanhar é, portanto, apoiar e ajudar no processo de *discernimento* de quais caminhos se pode percorrer, assistindo o acompanhado na elaboração desse projeto de vida, cuidando de sua realização e o ajudando a tomar decisões realistas.

– Convém partir de objetivos de primeiro grau, mas, progressivamente, ir ampliando-os em sucessivas revisões do tal projeto para incluir objetivos de segundo grau. Em todo caso, os primeiros precisam ser congruentes com a verdade da pessoa, pois, do contrário, a pessoa não irá chegar à sua plenitude.

— O acompanhante precisa garantir que esse projeto seja guiado pela descoberta objetivamente importante feita pelo acompanhado, pelo que tem valor e não simplesmente pelo que é subjetivamente desejável para ele. Por exemplo, se o objetivo é deixar de ter discussões com a esposa, o melhor seria, para alguns, romper rápida e drasticamente com ela, embora seja mais construtivo e valioso recuperar a capacidade de diálogo, compreensão, o que poderá exigir esforço. Nem sempre o mais atraente, fácil e menos trabalhoso é o melhor, visto de uma perspectiva pessoal. Emagrecer sem esforço? Não acredito que exista isso, sem haver ameaça à saúde e se o objetivo for obter resultados permanentes. Aprender inglês sem esforço? Talvez seja válido para as crianças inglesas. Resolver seus problemas sem esforço? Quem sabe o que me estão propondo seja uma dissolução do problema ou fuga, mas não um modo de enfrentá-los de maneira construtiva.

Elaborar um projeto: marcar objetivos

Em primeiro lugar, todo projeto supõe já ter dado alguns passos, realizados no processo de acompanhamento, sendo agora preciso retomar e se concentrar neles (se possível sempre tudo por escrito):

— Apontar quais os ideais e qual a situação ideal que pretendemos alcançar.

— Indicar, para esse ideal, os objetivos concretos que nos propomos.

— Em função desses objetivos, ver quais possibilidades concretas temos e quais passos podemos dar efetivamente a curto, médio e longo prazo.

Vamos recordar que, para que o projeto seja realizável, os objetivos precisam ser SMART, realistas e compartilhados. Isso permitirá medir, avaliar e revisar os objetivos e as conquistas que levaram a essas metas. Não seria uma possibilidade, nem um objetivo concreto, específico e mensurável o de "colocar-me em forma", mas sim dar um passeio rápido de uma hora a cada dia e fazer musculação por dez minutos.

Os objetivos vão se tornar conquistas e ações que sejam percebidas como desafios, para que isso o motive. Mas precisam ser viáveis para promover a autoeficácia. Trata-se de projetar passo a passo o que irá fazer, como irá fazer, quando, com quais recursos, apoiado em quem, o que fazer quando encontrar dificuldades e por que fazer, para chegar à meta e depois revisar as conquistas e os avanços alcançados.

Quando houver várias possibilidades, precisará aprender a optar entre alternativas. Para isso, será preciso ensinar a *discernir e deliberar, isto é, pesar as alternativas, com as razões a favor e contra, levando em conta as consequências a curto e longo prazo de cada uma das opções.*

Elaborar um projeto: deliberar

Deliberar consiste em pesar as diversas possibilidades oferecidas, avaliando qual delas é considerada mais apropriada. Uma vez feita a *deliberação*, vamos à *opção*, isto é, decidir por uma determinada possibilidade. Finalmente, para que o ato se torne completo e seja possível realizar a possibilidade escolhida, é preciso *executar* a ação que foi selecionada, pois toda possibilidade e todo projeto precisam ser implementados (caso contrário, não teria sentido).

DELIBERAR → DECIDIR → REALIZAR A AÇÃO

Vamos descrever cada uma dessas fases.

1) *Deliberação.* Em primeiro lugar, a pessoa considera e analisa as diversas possibilidades oferecidas para enfrentar a situação em que está, mas faz isso levando em conta:

– Qual é seu ideal, isto é, analisando se a opção feita é coerente com o que julga importante, valioso.

– Quais as consequências de escolher uma opção ou outra.

– Qual é sua capacidade para levar a cabo, ou não, uma opção.

Em função desses elementos, chega o momento de raciocinar para analisar e pesar *as razões a favor ou contra* para fazer ou não algo. Trata-se de decidir entre as opções: fazer A ou não, ou em outros casos fazer A ou B (embora também seja necessário analisar se as duas alternativas precisam ser realmente excluídas ou se ambas podem ser executadas). As razões dadas para fazer alguma coisa:

– Devem se basear na realidade e não em ficções. Assim, se quero estudar engenharia, é porque me saio bem em matemática e não porque me imagino construindo foguetes. Ou, por exemplo, opto por querer conhecer melhor uma pessoa porque sinto alguma coisa por ela e acho que pode ser interessante; não faço isso em função de suas tatuagens e sua simbologia, mas sim em função de perceber sua personalidade madura.

– Tem que ser razões "de peso", isto é, que justifiquem a opção ou a ação. Assim, abandonar um curso porque não gosto do professor ou porque prefiro ficar jogando videogame não é um motivo plausível.

– Precisa poder servir para explicar aos demais porque tomei certa decisão. As razões não podem ser apenas subjetivas, e sim compreensíveis para os outros. Se o economista de uma empresa opta por promover uma nova linha de marketing, terei que fazer com que os outros entendam o porquê de não continuar com o modo tradicional e de pretender começar uma nova campanha mediante outro sistema.

Pelo contrário, *não há razões* para endossar uma opção no projeto porque é algo que "todo mundo faz" nem porque é algo que alguém queira que eu faça. O último critério, ao contrário, é se essa opção me leva ao meu ideal, se me sinto pleno e se ao realizá-la torno o mundo melhor.

2) *Decisão*. Depois disso vem a decisão, que pode ser *nolição* (ação de não querer alguma coisa) ou *volição* (querer o que se apresenta como alguma coisa boa ou conveniente).

3) *Realização*. Por último, chega o momento da realização ou *execu*ção daquilo que foi *decidido*. Se se delibera e decide, mas não executa o que foi decidido, o ato de vontade está incompleto.

Elaborar um projeto: áreas de realização

Para elaborar o projeto, devemos pensar nos objetivos para as diversas áreas da nossa vida, pois formam um todo. Embora a situação problemática esteja em uma só área, na verdade, todas devem ser revistas. A vida familiar e a vida profissional não são independentes, nem os estresses com um colega de trabalho são independentes da saúde. Por isso, é adequado, além de projetar o modo de agir na área que o acompanhado julga problemática, fazer um projeto para as outras áreas.

✒ *Em que áreas da minha vida vou especificar as ações que me irão levar* à concretização do *meu objetivo? Habitualmente, o objetivo ou os objetivos que pretendemos têm implicações em vários aspectos da nossa vida.* É necessário, então, enumerar essas ações, de modo congruente com a decisão de viver concretamente diversos aspectos da vida, isto é, quais são os objetivos concretos, a curto e longo prazo, em que a ação pessoal irá se concretizar, e isso em diversas áreas da vida:

– Trabalho.

– Relação de casal.

– Relação com os filhos.

– Comportamento pessoal.

– Hábitos.

– Relações pessoais, amizades.

– Ocupações do tempo livre (pessoal e familiar).

– Participação em grupos.

– Compromissos sociais, políticos, esportivos, associativos.

– Competências e desenvolvimento pessoal.

– Para cada uma das áreas, precisamos decidir quais *conquistas concretas* queremos conseguir e em quais *ações concretas* vamos dar início.

– Para cada uma dessas ações, devemos decidir *como vamos realizar, quais passos e qual estratégia vamos seguir.*

– Para cada uma dessas ações, definiremos o que faremos a curto, médio e longo prazo (pode ser esta semana, no próximo mês, dentro de três meses, ou pensar em escala de trimestre ou de ano). Temos que pôr limites de tempo à conquista: quando faremos.

– Vamos apontar qual será o indicativo de que conseguimos realizar uma ação.

– Definiremos *quais meios* vamos empregar para empreender essas ações.

– Precisaremos saber *quem* pode ajudar-nos e *com quem* vamos contar até o fim para a realização do projeto.

14. Equipamos o acompanhado com ferramentas e recursos

Para que o acompanhado possa enfrentar seus desafios, precisará, muitas vezes, de instrumentos ou ferramentas que talvez não conheça. O acompanhamento não significa apenas perguntar, escutar e compreender. Significa também empurrar, propor, ajudar, incentivar... e oferecer recursos!

Entre os recursos possíveis que o acompanhado necessita para seu crescimento, há algumas coisas essenciais que precisamos favorecer e que já estão incluídas neste livro:

– Descoberta de *um sentido para sua vida*, e, a partir disso, reinterpretação positiva de sua biografia. Através de perguntas, conseguimos ajudar o acompanhado a ir além do horizonte, daquilo que tem sentido para ele, promovendo, assim, sua autotranscendência (viver para alguma coisa ou alguém além de si mesmo).

– Descobrir *suas melhores qualidades e capacidades*, animando-o a pôr em jogo novas dimensões de sua vida, promovendo o equilíbrio entre a satisfação das necessidades mais imediatas, seu crescimento pessoal e suas relações pessoais.

– *Descoberta e realização* de uma vocação, de uma vida dirigida a metas, em função de valores.

– *Desenvolvimento da capacidade comunitária e amorosa.*

– Promoção da *formação da consciência*, para que ele tenha, com clareza, o que é verdadeiro, bom e importante.

Mas, além dessas dimensões, é especialmente interessante oferecer outras ferramentas básicas.

Formação do caráter

É importante distinguir entre temperamento e caráter.

O *temperamento* é definido como a maneira natural e inata de ser, com a qual nascemos, enquanto o caráter é a modelagem que fazemos sobre nosso temperamento, ou seja, o conjunto de hábitos que adquirimos, fazendo deles nossa segunda natureza. Assim, alguém, por temperamento, pode ser muito impulsivo, mas conseguir que seu caráter seja reflexivo, ou, pelo temperamento, alguém pode ser retraído e, pelo caráter, tornar-se sociável.

Nascemos com o temperamento, mas o caráter é adquirido com esforço, pois baseia-se na repetição de atos importantes que nos vão dando um determinado perfil. Também supõe a *aquisição de hábitos* que formam o caráter e automatizam comportamentos. A aquisição desses hábitos produz um incremento da força pessoal e maturidade do caráter.

Durante todo o acompanhamento, a pessoa irá manifestando diversos ideais, valores, tudo aquilo que importa a ela. É necessário tomar nota disso, porque, no momento certo, é preciso lhe mostrar que aquilo que é importante é inoperante, se não estiver incorporado em ações. Todo valor e todo ideal comprometem, porque incluem uma demanda: a de realizá-los. Portanto, para uma promoção adequada da pessoa, não basta o *conhecimento* dos valores: *é preciso realizar esses valores*. Não basta propor possibilidades ideais: *tem-se que experimentá-las. Os valores em si servem para nos dar um horizonte. Mas devem ser vividos, experimentados*. Para isso, é necessário realizar ações importantes de modo habitual. Esses hábitos positivos são chamados tradicionalmente de *virtudes*. O conjunto de hábitos positivos ou virtudes que a pessoa vai adquirindo, mediante repetição de ações concretas, vai se constituindo como uma "segunda natureza": o caráter.

Essas virtudes, competências ou hábitos positivos são um programa de reconstrução da pessoa. Para adquiri-los, convém ter consciência de sua carência, de sua importância e das ações concretas que precisam ser repetidas até que sejam alcançadas. Podemos distinguir outros tipos de virtudes como dimensões humanas: *hábitos intelectuais, volitivos, afetivos e corporais*.

– *Hábitos positivos da inteligência prática*. A inteligência tem um uso teórico e um prático, de modo que as virtudes da inteligência dividem-se em dois âmbitos. No âmbito da construção da própria vida nos interessa especialmente a inteligência prática e sua virtude "guia": a prudência.

A *prudência* é a virtude de saber o que é melhor para cada um, a cada momento, para se construir como pessoa, isto é, como lhe convém agir. Muitos percebem o que necessitam para conseguir alguma coisa prática, mas não têm critérios claros sobre como agir, por isso, nesse caso, é fundamental ser ajudado a descobrir esses critérios. É o momento em que o acompanhante precisa oferecer um conselho prudente.

– *Hábitos positivos da afetividade.* O amor a si mesmo consiste na consciência da própria dignidade, da própria pessoa como digna de ser amada, de que – independentemente do que foi alcançado ou feito na vida – sua vida vale a pena. Quem não se ama, bloqueia sua vida, suas capacidades, seu desenvolvimento. Mas toda recuperação do amor a si mesmo geralmente procede de ser amado incondicionalmente por outro.

– Fortaleza, hábito que, segundo os gregos, abrange dois aspectos: a *feminilidade* ou virilidade e a *mesquinharia (megalopsikia)* ou magnanimidade. No primeiro, a pessoa é capaz de lidar com as dificuldades, enfrentando obstáculos com paciência e integridade. No segundo, é capaz de realizar grandes ações. Os dois assumem ser "ricos em moral". O primeiro é reativo e o segundo propositivo e afirmativo, próprio de quem tem uma grande alma. Os opostos correspondentes são a covardia e a temeridade (com respeito à *feminilidade*), a vaidade e a pusilanimidade (em relação à mesquinharia). Repetir ações que levem à fortaleza é fundamental para acometer qualquer processo de mudança e maturidade na vida. Acostumar-se ao que é difícil, ao incomodo, e lançar-se a grandes projetos é um hábito essencial a ser promovido no acompanhado.

– *Humildade*, consiste na capacidade de ver objetividade na própria realidade, o que se tem de forte e de fraco. Quem não admite suas limitações, carências e erros, nunca se poderá corrigir. Sem aceitação da sua situação, o crescimento não é possível, e sim a fuga, refugiar-se na fantasia. Trata-se, sobretudo, de aceitar-se, com o seu caráter, temperamento, idade, forças e fraquezas, possibilidades e limites. Trata-se de ter um olhar maduro sobre si, sabendo de sua dignidade como pessoa, mas também de sua pobreza, de que não tem nada que não tenha recebido. É essencial liberar o acompanhado de seu intelectualismo, voluntarismo e permitir a abertura aos demais. Somente partindo do que realmente sou, de como estou e do que acontece comigo, posso começar qualquer processo de mudança.

– *Hábitos positivos da vontade*. Autodomínio, que consiste no domínio sobre os impulsos e na hegemonia da própria vontade sobre os motivos que o convidam a agir de uma maneira ou de outra. A pessoa madura é a que tem domínio de si. Todas as outras virtudes são formas de autodomínio, de desejar colocar ordem interna em meio à entropia ou negligência que às vezes ameaça tudo o que é humano. Esse autodomínio supõe a capacidade de *dizer "não"*. Mas não se trata do "não pelo não" e sim de dizer "não" com um "para quê", com um sentido. Trata-se de repelir uma opção para poder se comprometer com outra mais importante. O autodomínio não é, portanto, primariamente dizer "não", e sim a afirmação do próprio sentido, do próprio projeto. E, para isso, é necessário ter em vista um projeto de vida e valores que atuem como critério. Não ter critério acaba ficando desestruturante. *Quem tem um para quê pelo que viver, encontra como fazer.*

– *Esforço*, que consiste em um hábito que capacita para pôr em jogo as próprias forças e recursos pessoais em função de uma ação ou atividade que foi descoberta como importante. É o treinamento ou exercício contínuo que leva a colocar a própria energia com base no que foi decidido ou a favor do que foi descoberto como importante.

– *Constância*, que consiste em memorizar as possibilidades e projetos que foram escolhidos, dar-lhes firmeza, perseverança. Situa-se entre dois excessos: versatilidade e obstinação.

– *Responsabilidade*, que é a virtude pela qual a pessoa cuida de si mesma, de sua vida, de seus relacionamentos, de sua própria responsabilidade, de suas ações e das consequências provindas delas. É o outro lado da moeda de quem é livre.

— *Hábitos positivos da corporeidade*. Em relação ao corpo, a tarefa de personalização passa pela integração da unidade pessoal. Esse domínio sobre o corpo começa ao se aprender a controlar os esfíncteres, a regular o sono, o ritmo das refeições, a falar, a caminhar. Pouco a pouco, vai-se aprendendo a dominar os impulsos e a adquirir novas habilidades. Mas é tarefa que dura a vida toda. A medida desse controle (que nada tem a ver com repressão, e sim com colocar o corporal à disposição da pessoa toda) depende, como condição, da possibilidade de personalização. Nesse sentido, a harmonia, os hábitos esportivos ou o domínio dos impulsos sexuais são hábitos corporais. Dentre eles, podemos destacar alguns:

— *A temperança*, que é a virtude que modera diferente capacidade de mobilizar-se no amor com as pessoas: do apático ao irreflexivo. A temperança regula e fortalece o querer. Alimentos e bebidas são geralmente aplicados. Mas existem outras virtudes que são formas de temperança aplicadas a outras áreas: sobriedade (roupas, gastos, facúndia), mansidão, diligência.

— *Autodomínio afetivo-sexual*, que consiste na virtude da integração dos impulsos sexuais-afetivos na pessoa como um todo e, portanto, permite viver relações pessoais com outros, aceitando a distância e tratando-as sempre como pessoas e nunca reduzindo-as ao corpo. Dessa forma, evita-se tanto a fusão como o isolamento. Não quer dizer que se renuncia ao corpo ou à sexualidade, mas sim que se integra no pessoal de uma forma geral. Opõe-se à despersonalização do impulso e à sua coisificação.

A maturidade afetivo-sexual é um requisito da capacidade de amar os outros, que envolve treinamento para sempre tratar as pessoas como objeto de amor e não reduzi-las a alguma coisa agradável.

– *Hábitos positivos da relação interpessoal.* Uma pessoa não cresce nem se realiza sozinha. Junto com a dinâmica do crescimento à plenitude está o crescer com outros, *o ser com outros, de outros e para outros.* Assim, a relação interpessoal, *o encontro,* é essencial no processo de personalização e, consequentemente, no acompanhamento. O encontro é a nossa experiência.

Sou porque sou amado: sou amado, logo existo. Por ter sido amado, pelo outro ter me olhado antes com amor, sou capaz de me abrir e ir ao seu encontro. Por ser uma realidade aberta, a pessoa vai se formando no encontro com outros.

Um *encontro* consiste em uma experiência pessoal radical em que outra pessoa que seja significativa esteja presente, de maneira que, acolhendo-a e entregando-se a ela, é estabelecida uma comunicação frutífera.

Para que a relação interpessoal seja possível e para que seja enriquecedora, é preciso que cada uma das pessoas descubra e procure realizar certos valores como orientadores de sua conduta. Vamos mencionar alguns hábitos de valor mais importantes, dividindo-os em dois grandes grupos: aqueles cujo eixo é a doação ao outro e aqueles cujo eixo é a recepção do outro (que são duas dinâmicas fundamentais da relação interpessoal).

– *Hábitos positivos vinculados à doação ao outro.*

– *A justiça,* entendida como realização da igualdade entre todas as pessoas. Para tratar o outro com justiça, como um igual, a pessoa tem que *sair de si,* considerar a dignidade idêntica de todos, superando o egocentrismo natural. Esse é o primeiro fundamento que permite a relação pessoal com os outros e expressa o que o chamado indica como "regra de ouro" da ética: *trate os outros como você deseja ser tratado.* Todas as virtudes dependem dessa no que se refere à doação ao outro. Vejamos quais são.

— A *generosidade* ou doação ao outro além do necessário. Trata-se de dar ou dar-se ao outro com gratidão, desinteressadamente.

— A *benevolência*, que consiste em querer o bem para o outro e o bem do outro.

— A *beneficência*, compreendida como fazer o bem ao outro.

— A *cooperação*, que consiste no hábito de trabalhar com os outros para conseguir metas comuns. É a antítese da competitividade.

— A *fidelidade*, entendida como firmeza e constância na doação ao outro, vivida como compromisso contínuo e criativo do outro.

— A *amizade*, que é aquele hábito de relação interpessoal que ocorre de modo recíproco, com razoável correspondência de beneficência, benevolência, confiança, confidência e cooperação em um projeto comum.

— *Hábitos positivos vinculados à acolhida do outro.*

— Respeito, que consiste na aceitação do outro como tal, sem pretender deturpá-lo ou humilhá-lo. Trata-se de deixar o outro ser o outro.

— *Tolerância*, entendida como aceitação e acolhida ao outro, apesar de não compartilhar suas formas de pensar, sentir ou agir. O tolerante é aquele que se abre ao diálogo com o outro.

— *Compaixão* ou capacidade de acolher a limitação do outro. Para isso, você deve estar disposto, após superar o desconforto ou o ressentimento, a colocar-se no lugar do outro e aceitá-lo como ele é, sabendo como entender e desculpar seus defeitos.

— *Perdão* ou capacidade de acolher o outro quando ele se porta mal comigo.

Inteligência afetiva

Embora já tenhamos tratado dessa questão quando falamos em "cura emocional", e nos referimos a ela para tomar nota dos vários elementos que podem ser fornecidos ao acompanhante para um gerenciamento emocional melhor, é apropriado ter consciência dos elementos que atualmente se denominam "inteligência emocional" (IE).

🔎 De Platão e filósofos estoicos até a psicologia cognitiva moderna, sabe-se da *conexão entre atividade intelectual e vida afetiva*. Nos últimos vinte anos, têm surgido vários modelos psicológicos baseados nesse fato, sendo as contribuições mais importantes as de Mayer e Salovey (1997) e as de Pétrides e Furnham (2001), embora a mais divulgada seja de D. Goleman (1995). Segundo Mayer e Salovey, a IE é a capacidade de perceber, valorizar, entender e expressar seus próprios afetos, perceber, compreender e valorizar os outros e regular as emoções.

Portanto, o acompanhamento pode incluir o trabalho com alguma dessas dimensões que foram estudadas no capítulo 11, b) e que agora enumeramos para recordar, incluindo algumas outras informações:

– Conhecer os próprios afetos.
– Tomar consciência da ressonância corporal.
– Verbalizar os afetos.
– Aceitar os afetos.
– Interpretar e compreender os afetos (hermenêutica afetiva).
– Administrar os afetos.
– Aprender a entender o que os outros sentem.
– Administrar conflitos com os outros.

— *Conhecer os próprios afetos.* Pode acontecer de alguém negar o que sente; ou que sente mas não consegue expressar; ou que sente mas não consegue expressar adequadamente; ou que sente e expresse adequadamente, com controle. De fato, Rogers explica como a maturidade pessoal vai da negação ou do não reconhecimento dos próprios sentimentos à sua percepção e sua livre expressão.

Em todo caso, *os afetos não são nem bons nem maus: são manifestações do que somos e de como estamos.* Portanto, é importante adquirir uma atitude de não se negar a si mesmo, de abertura da expressão do nosso eu mais profundo. Trata-se de tomar consciência dos sentimentos e revivê-los no caso de serem sentimentos dolorosos. Precisa atrever-se a existir, deixando o caminho livre, para que esses sentimentos, quem sabe ocultos ou reprimidos durante muito tempo, se manifestem.

— *Os sentimentos sempre ressoam corporalmente: atender ao corpo é o primeiro caminho para encontrar os próprios sentimentos.* Para isso, devemos expressar, contar ou verbalizar o que sentimos. É importante também ter consciência da intensidade do que sentimos. Para tudo isso, devemos nos perguntar, além do que sinto, desde quando sinto isso, quem provocou e o que aconteceu então. Com essas questões, diversas imagens serão evocadas e surgirão conexões entre as reações do presente e as situações não resolvidas do passado.

— *Verbalizar os afetos* é outra aprendizagem básica que temos que desenvolver, se quisermos promover a cura, porque impede que imagens e afetos sejam armazenados e apodreçam, permitindo, assim, que a pessoa exista.

✦ Em todo caso, como ferramenta para trabalhar a expressão do sentimento e conseguir, assim, sua desocupação, é importante pedir que se expresse ou conte:

– O que aconteceu.

– O que sentiu.

– Como tal fato se manifestou corporalmente.

– Quais as reações de comportamento que tem tido.

– O que fez com a situação (Esqueceu? Pensa nela? Obsessão?).

– Qual necessidade sua foi posta em jogo.

– A *aceitação afetiva* permite que a pessoa diga: "Eu sinto...", aceitando isso que sente como sentimento próprio, como situação própria, como manifestação do próprio interior. Aceitar-se passa por aceitar inseguranças, fracassos e mal-estares.

– *Hermenêutica afetiva*. Depois de ter contato com o sentimento, é imprescindível uma *interpretação do que sentimos*, para saber reconhecer a mensagem que todo afeto tem, seja positivo ou negativo. Os afetos podem ser adequados à realidade ou, pelo contrário, desproporcionados, distorcidos ou inadequados. Em todo caso, podem perturbar gravemente a vida da pessoa e produzir grandes sofrimentos. Entretanto, esses transtornos, que habitualmente os psiquiatras e também certas correntes psicológicas interpretam apenas como disfunções, sintomas "patológicos", eles também são suscetíveis a uma leitura positiva do ser pessoal e do fato fontanal de ser amado e chamado do âmago de seu coração. Os transtornos afetivos também podem ser considerados e vividos como um modo de crescimento, de personalização, como vias de plenitude. Por isso, para uma leitura positiva, personalizante, de todo transtorno afetivo, podemos nos ater a três critérios hermenêuticos: o *quê*, o *como* e o *para quê. O importante na tomada de consciência desses afetos é o que o para quê nos revela.* Remetemo-nos de novo ao capítulo onde tratamos disso.

– *Gestão dos próprios afetos, que supõe* não sua negação e sim seu temperamento.

– Dar-se conta do que os outros sentem, isto é, empatia. A esse respeito, é importante dar ao acompanhado algumas chaves com respeito a interpretar a linguagem não verbal dos outros. A linguagem não verbal tem um peso extraordinário na mensagem que se transmite. Na comunicação não verbal, vários aspectos são confluentes:

– Paralinguísticos: vinculados à voz (tom, vocalização, inflexão da voz, velocidade, timbre, pausas...).

– Cinésicas: vinculadas à postura e movimentos corporais, gestos e expressões faciais, contato ocular, olhar, aspecto.

– Proxêmicas: vinculadas à distância interpessoal.

🔎 *O olhar.* É essencial olhar nos olhos do nosso interlocutor enquanto dialogamos com ele, pois isso mostra respeito, atenção e indica que estou ouvindo. Gera confiança no interlocutor e mostramos nossa consideração pessoal. O olhar, além disso, é muito expressivo. Com ele, podemos mostrar interrogação, ênfase, reprovação, confirmação, estímulo... O jeito de olhar e o movimento dos olhos também denotam o que se pensa: quando recordamos experiências passadas, os olhos miram para cima e para a esquerda. Se recordamos sons ou palavras, os olhos se movem para a esquerda, na horizontal.

Quando tentamos imaginar algo ou construir algo, os olhos miram para cima e para a direita. Podem olhar também para longe, sem um foco específico.

Quando olhamos na horizontal e à direita, estamos construindo sons. Quando tomamos consciência de sensações, olhamos para baixo à direita. Quando falamos com nós mesmos, os olhos olham para baixo à esquerda. Em todo caso, mesmo que não seja exatamente como esse modelo geral, cada pessoa tem seu próprio modo de se desenvolver.

O *piscar* também tem funções expressivas. Olhar piscando tem a função de consentimento ou interesse, convidando o acompanhado ou interlocutor a continuar se expondo.

O *rosto*. O rosto mostra de forma clara como nos sentimos, como interpretamos o que ocorre. Sorrisos abertos, atitude relaxada, olhos abertos, olhar direto, permitem uma aproximação. Mas outros gestos, como ficar sério, não olhar diretamente nos olhos ou deixá-los entreabertos, dificultam a comunicação. Um olhar fixo, inclusive, pode indicar agressividade. As dificuldades comunicativas de algumas pessoas podem referir-se ao hábito de manter alguns gestos duros, sérios ou inexpressivos.

Posição corporal. As diversas posturas e gestos corporais são também eloquentes e emitem significados concretos. Alguns dos mais habituais são:

Braços cruzados	Está na defensiva. Não quer falar.
Encolhimento dos ombros	Não se sabe o que acontece.
Rir com o que digo	Abertura, revela gostar da pessoa.
Mandíbula tensa, testa franzida, pescoço tenso	Enfado, indignação.
Perna que treme	Insegurança.
Joelho cruzado de quem está ao meu lado apontando para mim.	Aberto para a relação.

Joelho cruzado de quem está a meu lado apontando para o lado oposto de onde estou.	Relação fechada comigo.
Cruzar as pernas	Diálogo encerrado ou mostrar-se fechado às minhas propostas.
Está sentado inclinado para trás, de modo relaxado	Sente-se poderoso.
Olha excessivamente	Possível mentira ou medo na relação.
O interlocutor imita minha linguagem corporal.	É propenso à relação, é receptivo.
Sobrancelhas levantadas	Assombro, medo ou desconforto.
Mostrar as palmas abertas	Transmite confiabilidade, honestidade.
Apontar com o dedo	Domínio.
Braços abertos	Acolhida.
Punho fechado	Agressividade, contundência, rotundidade.
Coçar o pescoço	Incerteza, dúvida.

Resolução de problemas

📖 Se seus problemas têm solução, não se preocupe; se seus problemas não tem solução, não se preocupe (Confúcio).

Quando o acompanhado apresenta um caso que tem que ser resolvido e que o deixa em conflito ou com problema, é preciso lhe oferecer um método racional de enfrentamento para que ele não se paralise.

✦ Para enfrentar um problema, pode-se dar os seguintes passos:

– *Identificar o problema*, o que significa, em primeiro lugar, *perceber a diferença entre o problema e os sentimentos que são produzidos*, para regular os sentimentos e ficar mais livre e lúcido na hora de enfrentar a questão. É necessário perceber qual é a dificuldade que temos e não confundi-la nem com o mal-estar que aparece, mesmo que às vezes esse mal-estar seja tão desproporcional que se converta também em problema, nem com o que pensamos que nos acontece e nem com o sintoma através do qual se manifesta (assim, o tempo excessivo com novas tecnologias, mau humor ou consumo excessivo de álcool não são tanto o problema, como a manifestação de um problema). Uma vez que o problema esteja identificado, *temos que aceitar que temos essa circunstância e adotar diante disso uma atitude positiva, como se fosse um desafio* que nos fará crescer. Não devemos perguntar-nos se podemos enfrentá-lo e sim como vamos enfrentá-lo.

– *Definir quais objetivos queremos conseguir e quais são nossos valores.* É um problema porque dificulta qualquer um dos nossos objetivos ou a realização de qualquer um dos nossos valores. Isso nos permite descrever o problema com precisão.

– *Analisar as alternativas ou as diversas possibilidades* que aparecem como forma de enfrentar criativamente o problema. Se estamos discutindo o problema com o outro (com nosso filho, com nosso companheiro, com um amigo), devemos convidá-lo a contribuir com possibilidades, em vez de facilitarmos.

– *Prever as consequências por escolher uma alternativa ou outra.* Avaliar qual dessas consequências é a mais adequada para os próprios objetivos e valores. Discernir quais são as melhores opções.

> *– Escolha, tomada de decisão*, tomar partido por uma das opções que nos pareça melhor ou mais adequada (admitindo que geralmente não há segurança absoluta).
> *– Levar a cabo o que foi decidido no contexto de um plano ou projeto.*

Quando se acompanha o outro na resolução de um problema pessoal, é necessário manter várias atitudes:

– Avaliar as diversas formas de ver o problema. Não julgar. Ser tolerante com as posturas e opiniões do acompanhado, ainda que sejam diferentes. Tentar ver o que há de positivo e dizer a ele. Admitir que cada problema tem vários pontos de vista.

– Não dar explicações conceituais, prejudiciais ou estereotipadas aos problemas ("É que você é egoísta", "Age assim porque é teimoso, como sua mãe", "É que você é de esquerda ou de direita").

– Não dar soluções antes de ter entendido bem o problema. Em todo caso, é preferível sempre que o acompanhado busque suas próprias soluções.

– Não discutir sobre o que passou. Trabalhar dali para a frente no tempo.

– Não dizer o que ele deve fazer, e sim perguntar o que acredita que tem que fazer.

– Resolver um problema de cada vez.

– Manter-se sempre calmo: postura corporal relaxada, sorriso, tom de voz afetuoso e calmo.

Treinamento em habilidades sociais

> As *habilidades sociais* são hábitos de comportamento que nos permitem melhorar nossa relação e comunicação com os demais.

Essas habilidades sociais são também mostra de inteligência emocional e supõem habilidade para conhecer o que sentimos, expressar o que sentimos, controlar os próprios sentimentos, dar-nos conta do que os outros sentem e da capacidade de resolvermos os conflitos. Temos tratado de algumas dessas habilidades, orientadas para o acompanhante, que poderiam ser oferecidas ao acompanhado, como é o caso da arte de escutar ou das habilidades de comunicação. A essas incluímos agora algumas outras.

Estilo comunicativo inibido (inadequado)

– A pessoa se expressa de modo vacilante, com expressões como: "Não sei se...", "Acho que...", "Não, se eu...", "Não, não se incomode", "Talvez...", "Ehh... bom...". Deixa que os outros a interrompam e ela se cale.

– Sua postura corporal está afundada, com os ombros para a frente, a cabeça para baixo, movimentos rígidos, ausência de contato visual, voz baixa e vacilante.

– Suas atitudes são de deixar violar seus direitos, baixa autoestima, não tem controle de suas decisões, deixa que os outros escolham por ela, sente-se mal consigo mesma. Acredita que os outros têm que averiguar seus desejos (coisa que não acontece).

– Dilui-se no grupo. Deixa que se aproveitem dela.

Estilo comunicativo agressivo (inadequado)

– Fala de um jeito intimidador, dá ordens, se impõe aos outros, interrompe. Em tom agressivo e ameaçador, diz coisas como: "Não aceito que...", "Tem que...".

– Sua postura corporal é esticada, com os ombros e a cabeça para trás, movimentos e gestos agressivos, voz alta, fala rápido e estridente, olha fixamente.

– Sua atitude é a de se impor aos outros, oprimir seus direitos, prejudicar as relações. Tem baixa autoestima também, que é compensada com sua agressividade.

– Geralmente, tem poucos amigos. Normalmente se aproveita dos outros.

Estilo comunicativo assertivo (adequado)

– É firme naquilo que expressa, e diz isso diretamente: "Acho que...", "Estou sentindo que...", "Quero...", "Gostaria que...". Usa, portanto, "mensagem a você".

– Sua expressão é sorridente, relaxada e aberta, sem tensão. Seus movimentos, suaves, faz contato visual, em tom firme, mas agressivo.

– Expõe e conquista seus objetivos sem prejudicar os outros. Expõe seus objetivos e pensamentos com clareza. Protege seus direitos e respeita os demais. Tem confiança em si mesma. Mostra compreensão e empatia com a outra pessoa.

– Tem muitos amigos. Colabora com os outros, mas faz valer seus direitos e opiniões.

A *assertividade* é, portanto, o estilo comunicativo que permite a fluidez na comunicação com as pessoas e o que precisamos promover no acompanhado, com a consciência de que, para que seja possível, existem várias condições:

– O acompanhado tem autoestima suficiente e segurança em si mesmo.

– O acompanhado sabe o que quer dizer, o que sente e o que deseja.

– O acompanhado tem claros seus direitos e os faz valer ante os outros, mas sem agressividade. É capaz de expressar com tranquilidade seu ponto de vista e entender o ponto de vista das pessoas (que é o que chamamos de *empatia*).

– Usa "mensagem a você".

A assertividade consiste em se comunicar de maneira que os interesses sejam abertamente expressados e que os defenda sem agressividade nem ansiedade. Quem é assertivo sabe que pode dizer "não" ao que os outros propõem ou diz sem se sentir culpado, pois pode cometer erros sem que isso queira dizer fracasso pessoal, sabe que pode ter suas próprias ideias éticas, religiosas ou políticas, sem que seja discriminado por isso, e pode fazer o que acha conveniente, os outros gostando ou não, e sem ter que se justificar continuamente.

– *Saber fazer críticas (corrigir) e saber receber críticas (ser corrigido)*. Com a expressão "fazer crítica", não estamos referindo-nos à capacidade de analisar ou à baixa atividade moral própria de quem é um "crítico", sempre com espírito destrutivo ou inveja.

Fazer crítica é a capacidade de expressar aquilo de que não gosta ou não acha certo, informando a outra pessoa sobre alguma coisa que ela pode melhorar ou corrigir, sem humilhá-la nem depreciá-la.

Muitas pessoas não se atrevem a dar sua opinião crítica sobre algo que a outra fez, porque pensam que pode gerar conflito, mas não tem por que acontecer isso.

🗲 Para corrigir adequadamente, é necessário:
– Fazer crítica ou correção com firmeza, mas com amabilidade, sempre se referindo a um fato e não à pessoa.

– Escolher o momento adequado para fazer o comentário, e que não seja perto de outras pessoas.

– Expressar concretamente o que é que ela teria que mudar ou melhorar: nunca se pode criticar de modo geral ou total.

– Temos que nos expressar na chave de "mensagem a você".

– Sugerimos o que poderia ser feito, oferecendo alternativas aos pontos que se propõe corrigir.

– Agradecemos e avaliamos se a crítica foi bem recebida.

– De modo especial, precisamos fazer a correção ao outro, quando nos sentimos incomodados com seu comportamento ou quando ele não respeita nossos direitos ou os de outra pessoa, ou quando nos parece uma conduta inadequada ou notamos algo que pode claramente melhorar.

Por outro lado, receber críticas ou correções é necessário se quisermos melhorar. Se ninguém nos diz que erramos, não podemos amadurecer nem corrigir aquilo que fizemos de errado. Mas é preciso aprender a não se aborrecer com quem nos corrige, nem deixar virem sentimentos negativos, nem atitudes de defesa, contra-ataque ou justificativa. Ficar agressivo e sem controle vai contra nós mesmos. Ter também claro que o fato de recebermos uma crítica não vai contra a nossa autoestima. Ao invés disso, significa que alguém que nos importa pode não estar dizendo como podemos melhorar. Se o escutamos atentamente, podemos continuar contando com sua opinião e afeto.

– *Se a crítica é positiva e justa*, devemos ouvir ativamente, fazer perguntas a quem nos corrige, pensar em alternativas para melhorar e as expressar, agradecer a quem nos fez a correção.

– *Se a crítica é negativa e injusta*, devemos ouvir igualmente a queixa e pedir explicações, demonstrar que estamos entendendo aquilo que foi dito e mostrar serenamente nosso desacordo, sem menosprezar sua visão das coisas. Poderemos dizer: "Sinto que pense assim, mas não estou de acordo com sua crítica, porque...", "Vejo que está aborrecido e sinto muito, mas não compartilho de seu ponto de vista" etc. Temos que aceitar que nem todo mundo vai compactuar com o que fazemos e nem concordar conosco. Inclusive, se pudermos, podemos aceitar parte do ponto de vista do outro sem, no entanto, estar de acordo com ele.

– Se a crítica é irônica e destrutiva, sem argumentos e tendo por objetivo prejudicar, é melhor não dar explicações e procurar acabar a conversa o quanto antes, dizendo que talvez tenha razão e sem se justificar. Nesse caso, quanto mais argumentos se dá, mais deixa o outro aborrecido. É melhor acabar amavelmente com a conversa.

Saber pedir ajuda

Saber pedir ajuda é atrever-se a pedir para outra pessoa fazer alguma coisa por nós ou conosco, uma vez que reconhecemos que não podemos fazer sozinhos. Quando pedimos ajuda, fazemos isso com amabilidade, olhando para quem pedimos, mostrando com gestos nossa necessidade, mas com um sorriso. É importante saber pedir ajuda para as pessoas adequadas (que possuem os meios, a formação ou a informação necessária para poder nos ajudar).

Quem pede ajuda:

– Reconhece que realmente tem necessidade e que o outro poderia ajudar.

– Descobre quem poderia ajudar.

– É capaz de se aproximar para pedir ajuda com palavras adequadas, explicando concreta e claramente o que precisa.

– Mostra como é importante essa ajuda, tanto com palavras quanto com a expressão.

– Sugere ou pede educadamente, nunca exige.

– Diz alguma frase de agradecimento, se a pessoa consente em ajudá-lo. Não se aborrece, se não receber ajuda.

É importante educar o acompanhado em seu discernimento sobre quando se deve pedir ajuda. Não devemos pedir quando podemos fazer sozinho, porque, se isso for feito, estaremos promovendo a indefesa aprendida. Quando precisamos pedir ajuda?

– Quando não sabemos fazer alguma coisa (um exercício, uma tarefa específica).

– Quando temos um problema que não conseguimos resolver e estamos tristes ou ansiosos (ficamos sem dinheiro e precisamos comprar algo urgentemente, não temos um celular e precisamos avisar alguma coisa importante em casa).

– Quando desconhecemos alguma coisa (onde fica uma rua, ou um edifício, ou uma pessoa).

– Quando nos sentimos desorientados na vida, sem rumo, sem motivação.

Habilidade para se desculpar

Desculpar-se é uma forma de reconhecer um erro para tentar consertar alguma coisa que não foi benfeita. Traz consigo a recuperação da boa relação com uma pessoa que aborrecemos ou ofendemos, voluntariamente ou não.

Existem muitas formas de se desculpar: posso dizer simplesmente: "Me perdoe pelo que eu disse", ou também pode-se prometer: "Não vou mais fazer isso".

Antes de praticar essa habilidade, convém ter claro que:

— Existe uma grande variedade de formas possíveis de recuperar e curar o que ficou mal entre duas pessoas.

— Fazer isso não é se rebaixar ou humilhar, e sim engrandecer quem o fez.

✔ Passos para desenvolver a habilidade de se desculpar	
1. Descobrir o que significa se desculpar.	— Reconhecermos que a pessoa não foi bem tratada ou que a prejudicamos. — Colocarmo-nos no lugar do outro e percebermos como nos sentiríamos se fôssemos tratados assim. — Sermos capaz de expressar à pessoa que percebemos que a tratamos mal e que sentimos muito.
2. Perguntamo-nos interiormente o que temos que fazer (se devemos nos desculpar por algo ou se é melhor nos calarmos).	— Devo me desculpar? — É melhor calar agora, enquanto as coisas estão quentes, enquanto existe o aborrecimento? — Se eu não disser nada, quais podem ser as consequências?

3. Pensar de quantas maneiras podemos pedir desculpas.	– Sozinhos ou na frente dos outros. – Cara a cara ou por escrito. – Por telefone, por mensagem SMS ou WhatsApp. – Dizendo uma coisa ou outra.
4. Decidir de que maneira queremos nos desculpar para que se torne algo natural e eficaz.	

– *Habilidade de dizer "não"*. Agimos bem quando tentamos agradar os outros e tornar a vida mais amável, quando, ao ajudar o outro no acompanhamento, dedicamos tempo a ele ou fazemos algum favor, quando somamos ao apelo que o outro nos faz.

Mas nem sempre temos que dizer "sim" a tudo que os outros nos propõem. Primeiro, porque nem sempre é bom para nós e, segundo, porque, às vezes, já temos nossos planos ou critérios e não seria correto deixar de ser fiel às nossas decisões.

Deixar-se levar sempre pelas pretensões e decisões de outros não está certo. É mostra de imaturidade pessoal e fonte de muitos problemas psicológicos. Quem não sabe dizer "não" aos apelos dos outros, pode acabar fazendo coisas que nunca quis ou indo contra sua consciência. Por exemplo, muitas pessoas começam a beber e a fumar maconha por não dizerem "não" a um companheiro do grupo.

De fato, todos nós lembramos de alguma ocasião em que dissemos "sim", quando, na verdade, queríamos dizer "não".

🦯 Para desenvolver essa habilidade, é preciso dar os seguintes passos:

– Saber exatamente o que estão propondo. Se não ficar claro o que nos estão propondo ou as consequências de dizer "sim", pergunte. Precisamos saber exatamente o que estão querendo que a gente faça.

– Antes de responder, *damos um tempo para resolver o que realmente queremos fazer*, o que é o melhor para nós e o mais justo. Nunca responder imediatamente.

– *Se acreditamos que não nos convém* ou que não é adequado para nós neste momento, ou se descobrimos que não é algo que devemos fazer, pensar em como podemos dizer "não".

– *Uma vez que dizemos "não", temos que ficar firmes.* Se necessário, repetir claramente, uma e outra vez, a mesma frase negativa: "Não me interessa, obrigado", ou: "Não quero fazer isso, obrigado".

Promoção da maturidade

Oferecer ferramentas e caminhos para a maturidade do acompanhado é uma tarefa prioritária.

🖐 A maturidade consiste na conquista pessoal adequada, na integração das diversas dimensões e no desenvolvimento da pessoa. Para isso, a pessoa precisa tirar o foco de si mesma e de seu corpo, precisa sair de si. Em segundo lugar, precisa se aceitar, ganhando segurança emocional. Não basta apenas desenvolvimento intelectual e sim, ao mesmo tempo, o afetivo e o volitivo. Daí a importância, por exemplo, do humor e da força. Por outro lado, para realizar a vocação e a comunidade, é preciso saber aceitar responsabilidades, compromissos e esforços (uma vida cômoda não permite maturidade). É na ação que a pessoa se forma.

– *Traços que definem a maturidade.* Para favorecer a maturidade, tem que fazer com que o acompanhado conte com:

Um sentido vital que o coloque em ação e que dê unidade à sua vida. Esse sentido vital apoia-se em alguns valores e em uma chamada ou vocação. Conta com um sistema de valores a partir do qual viver e submeter a realidade em juízo. Isso ocorre no que Frankl denominou "autotranscendência". Seu projeto de vida, consciente, está alienado com esses valores. Portanto, há congruência entre o que acredita e o que faz. É coerente com suas crenças, esperanças e amores. Seus valores são valores vivenciados, não simplesmente pensados.

Compromisso com uma vocação, com uma chamada que foi escolhida. Valores e chamada conduzem, na pessoa madura, a um compromisso, à ação. Trata-se da capacidade de olhar adiante e acima.

Realização amorosa. Cuidar não apenas de si próprio, mas também do outro: abertura aos outros, compromisso com os outros. Ser capaz de ter relações pessoais e íntimas com outros: família, amizade, casamento. Para isso, é preciso não recuar, e sim correr o risco do encontro, sendo capaz de tolerar, respeitar, perdoar e ter misericórdia (ao acolher o outro) e justiça, generosidade, beneficência e benevolência (ao dar-se ao outro). Trata-se de ser capaz de se abrir aos outros, compartilhar a vida com as pessoas, ter um projeto comum, mas sem criar fusão, sem dependências (que seriam sinal de imaturidade). A vida dos outros realmente importa: interesse-se por eles, decore seu nome, coloque-se em seu lugar, escute-o, não faça críticas, perdoe-os e os compreenda. Isso implica inteligência interpessoal: simpatia, empatia, capacidade de expressar afeto e contar com habilidades sociais. Trata-se, definitivamente, do desenvolvimento da dimensão comunitária, inerente à pessoa.

Desenvolvimento integral e integrado de todas as dimensões. Isso pressupõe não cair no hedonismo, intelectualismo, sentimentalismo, voluntarismo, e sim promover que a pessoa tenha vida e desenvolva cada uma delas e de modo integrado.

Autoconhecimento. Imagem adequada de si mesmo, conhecer a própria dignidade, saber o que é importante para mim, através das ações. Conhecer não só os defeitos e sim as potencialidades, capacidades. Esse autoconhecimento pressupõe conhecer minhas capacidades, meu temperamento, minhas feridas, como os outros me veem, como eu me vejo, quem sou chamado para ser.

Autoaceitação e aceitação dos outros. Conhecer as próprias limitações e aceitá-las com humor, que é a capacidade de relativizar, de tomar distância das coisas e de nós mesmos. Trata-se de aceitar o que sou, sem pretender ser mais (afetação) nem menos (pusilanimidade).

Autoestima e amor a si próprio. Se gostar de si mesmo, conheça e valorize tudo de bom que há em si e seja humilde com respeito a seus limites. A falta de amor a si próprio dá lugar ao servilismo, à susceptibilidade e a diversos comportamentos compensatórios que dificultam as relações (querer destacar, necessitar de elogios, perfeccionismo, ter mais dinheiro, currículo, objetos, prazeres), ativismo...

Autocontrole, controle dos impulsos, ser capaz de encarar um certo nível de ansiedade, de fracasso. Não se deixar levar pelos desejos, impulsos hedônicos, por caprichos, por descontrole emocional.

Regular bem sua raiva, sua tristeza, sua ansiedade, seu medo. Ter controle de seus estados anímicos. Saber encarar fracassos, dificuldades, obstáculos, sem se desanimar. É importante perceber quais são os aspectos impulsivos que não são bem controlados: comida, sexualidade, susceptibilidade. Em geral, o controle da afetividade é especialmente importante, porque uma afetividade prejudicada, por hipertrofia ou atrofia, dá lugar a agir por impulso, por entusiasmos, e não pela razão. O resultado é uma grande volatilidade. Unido a isso está a castidade, que implica o controle dos impulsos sexuais e das relações saudáveis com os outros, sem se converter e nem convertê-los em objetos. A maturidade chega não quando a emotividade domina, e sim pela livre ação. Isso pressupõe renúncias, pôr limites, educação. O excesso e o descontrole emotivo fazem adoecer e empobrecem.

O que fazer para conseguir a maturidade

🖈 A tarefa de acompanhamento significa dar a possibilidade de atingir níveis mais altos de maturidade no acompanhado, o que se traduz em promover certas áreas:

– *Descobrir a própria dignidade*, o próprio valor, tudo de bom que existe em si mesmo, o agir em função dos outros. Isso se consegue com o apoio do acompanhante, fazendo com que o acompanhado tenha consciência de todos os que o apoiam e valorizando e se alegrando por tudo que há de positivo na própria vida, por tudo o que há de positivo no que foi feito e pela própria existência.

– *Autotranscendência*. Descobrir o sentido profundo da vida, o que se descobre como valioso, e experimentar isso na ação, tentar viver realmente (dele e para ele). Abandonar a ruminação hiperreflexiva. E esse sentido se descobre, principalmente, com os outros. São os outros com quem convivo que me dão um sentido, um contexto de sentido que seleciona e comunica o que há em minha própria cultura. Aprofundar-se nesse sentido é um caminho necessário. Mas é que, sobretudo, a própria relação com os outros é fonte de sentido, é iluminadora, curadora, enriquecedora. Em segundo lugar, as capacidades ou potenciais que eu sou não estão em mim estaticamente, mas me chamam para o jogo. E me chamam de maneira determinada. É a *orientação pessoal para a ação*. O descobrimento da chamada é um acontecimento especial em uma terapia personalista. Trata-se de descobrir a própria cifra, o *para quê* pessoal. Porém, em terceiro lugar, o significado encontra-se no que acontece conosco. Nem tudo está em mim, nem tudo é previsível. A pessoa precisa ir respondendo às circunstâncias que se vão apresentando: sobre a qual ela algumas vezes tem controle e, em outras, não.

– *Recuperando a experiência do encontro.* O acontecimento do *encontro* é mais decisivo no crescimento e na maturidade de uma pessoa. É um acontecimento não de simpatia nem de empatia, mas sim de inclusão mútua, de ser dois em presença fecunda mútua. E isso ocorre em um plano duplo: o da acolhida e o da doação ao outro. E isso de modo recíproco. Para tanto, é preciso descobrir o outro como pessoa, o que só ocorre quando a própria pessoa é tratada como tal e não como sócia ou como coisa.

– *A maturidade também implica aprender a olhar o outro*, e olhar para ele como fim em si, em sua dignidade. Por isso, cuidar de um doente ou ser fiel a uma pessoa, quando se já perdeu a atração física, é prova de muito amor. Nas relações amorosas, a atratividade se torna integral e aprende a se expressar de várias maneiras. Nesse sentido, a maturidade traz consigo o cultivo de gestos que expressam o amor: gestos de ternura, de perdão, de agradecimento. Assim mesmo, existe um tempo para o diálogo, o abraço, o compartilhar juntos de atividades, as celebrações. Surgem novas formas de comunicação. Se não se abrissem esses novos caminhos, cada qual se enclausuraria em seu próprio mundo.

— *Ser capaz de compromissos e de assumir responsabilidades de modo permanente*, fiel. Manter compromissos independente do humor.

— *Integrar* a inteligência, aberta para a verdade, na afetividade, aberta ao valor e na vontade, aberta para o bem. Por sua vez, personalizar o corpo através de sua integração na pessoa e sua vocação.

— *Reconhecer as próprias limitações* e que a realidade não se submeta a nossas expectativas.

— *Aprender a colaborar, a delegar, a trabalhar em equipe.*

— *Cultivar a alegria, a visão positiva da realidade.* Não dramatizar, interpretar a realidade como positiva, narrá-la como positiva.

— *Recuperação e atualização das capacidades da pessoa.* A pessoa precisa redescobrir e recuperar suas capacidades, suas qualidades e características, e colocá-las em jogo de forma integrada. Quando a pessoa for capaz de reconhecer a riqueza que é, será capaz de se abrir para o processo de maturidade. E isso ocorrerá, em primeiro lugar, acompanhando a pessoa para que ela tome consciência de suas capacidades intelectuais, afetivas, volitivas e corporais. Entretanto, isso não basta. É necessário colocar em jogo esses dons ou habilidades. Em segundo lugar, essas capacidades precisam crescer integradas. A superação do intelectualismo, o voluntarismo, o sentimentalismo ou o hedonismo corporal é condição essencial para uma maturidade integral.

— *Renúncia aos benefícios secundários da imaturidade.* A maturidade pressupõe apelar para a pessoa para que assuma uma renúncia: a dos benefícios secundários que lhe proporcionam suas máscaras.

— *Maturidade é correr o risco do amor.* Primeiro, a experiência de ser amado. E, quando experimento que sou amado (e acolhido, perdoado, abraçado, aceito), então, por agradecimento, redescubro minha capacidade para o amor, a acolhida, o perdão, a compaixão, o apoio, a aceitação dos outros como atitude básica na vida. Viver limitado aos outros que aparecem na minha vida me libera de mim, me permite morrer, e, dessa maneira, me permite viver.

15. A ação

Onde se cristaliza e se verifica a validade da intervenção é na ação. Se não há ação e modificação da ação, o processo de acompanhamento não tem nenhuma validade.

É através da ação, da introdução de pequenas mudanças e novas experiências, que o acompanhado dá pequenos passos rumo a seus ideais. Aqui a regra de ouro é clara: trata-se de concentrar-se em um pequeno passo possível, em algo que pode mudar e melhorar, e nunca em grandes metas impossíveis ou inalcançáveis de modo imediato. Não é que não optamos por grandes ideais: é preciso tê-los. Quem não sonha em construir catedrais, não construirá nem uma palhoça. Mas, depois do sonho, deve-se começar a colocar pedra sobre pedra, pilastra sobre pilastra. Por isso, temos insistido em propor ações muito específicas, muito definidas no tempo. Concentramo-nos, pois, naqueles aspectos da situação ou do comportamento que podem ser modificados e não tanto em mudanças estruturais, de personalidade ou radicais.

Essa experiência é básica para que o acompanhado tenha a sensação de eficácia, de melhora. Mas, para isso, é necessário que se mantenha o compromisso. Sem compromisso não há ação, sem ação não há novas experiências e sem novas experiências não há mudança.

Toda melhora de vida, de relações, todo enfrentamento de problemas, todo controle emocional, é realizado através de ações específicas, simples, que apontam para o objetivo. Recordemos que quem quer fazer grandes ações, precisa realizar pequenas ações, e quem quer ir muito longe, deve começar dando o primeiro passo (Carlos Diaz).

🔧 Este é, portanto, o momento culminante para o qual se deve convidar insistentemente o acompanhado (e fazer com que ele descubra sua importância): deixar o discurso sobre a vida para dar lugar ao curso da vida. E isso se dá através de ações, de pequenas metas, de passos concretos.

– As ações podem ter como meta dar um passo positivo em direção a um objetivo ou ações que supõem deixar de fazer ou substituir outras ações que nos afastaram do objetivo. Quando se trata de um segundo caso, é preciso propor a ação contrária (e incompatível com ela) daquela que queremos erradicar, ações radicalmente diferentes das que levam ou conduzem à situação que coloca dificuldades. Assim, se o problema é que o acompanhado come sem parar quando está em casa, a ação que pode favorecer não é lutar contra a comida em casa, e sim, por exemplo, sair mais de casa e levar uma vida mais ativa.

– Em outras ocasiões, a ação consistirá em romper o laço, a rotina ou o padrão de atuação que acaba sendo nocivo ou inadequado: se o filho grita cada vez que quer conseguir alguma coisa, em vez de gritar de volta e ficar brigando (até que o filho se safe), o melhor seria ignorar o grito e agir como se não existisse.

– Outra das estratégias para eliminar uma ação indesejada é forçar sua presença em um momento específico do dia (dedicar uma hora do dia a se aborrecer ou preocupar-se) ou em um lugar diferente do habitual.

— Também é muito útil mudar o contexto da ação: por exemplo, aceitar gravar a queixa contínua, o aborrecimento permanente... Basta que queira gravar e o fantasma diminui.

— Para aprender (ou se atrever) a realizar uma ação, pode ensaiar previamente fazendo *role-playing*, quer dizer, encenando teatralmente aquilo que se quer realizar.

— Assim mesmo, é muito eficaz fazer uma tabela ou registro de tudo de bom que o outro realizou (ou você mesmo), durante a semana, em referência ao previsto, e pedir que surpreenda os outros com várias coisas boas que não são esperadas. Assim, por exemplo, dizer ao filho adolescente, a quem acompanhamos, que esta semana vai haver várias surpresas positivas aos seus pais, para ver se eles as receberão (o que faz com que os pais dirijam um olhar positivo ao filho, pois teremos pedido a eles que registrem tudo de positivo que seu filho fez).

Assim mesmo, é preciso levar em conta várias observações:

— Terá que combater a "impotência aprendida", fruto da superproteção (o "eu não posso" que geralmente esconde um "eu não quero"). Por outro lado, é no compromisso com a mudança e na ação que a pessoa percebe sua capacidade, suas conquistas, e é, então, onde a esperança aparece. A esperança de alguma coisa vem unida ao esforço por ter conseguido. Descobrirá que o importante não é o que ocorre, e sim o que faço com o que acontece.

— Acompanhar é acompanhar por experiência e para a experiência. É acompanhar para a ação, pois é na ação que a pessoa se realiza. Portanto, as sessões intermediárias no processo de acompanhamento sempre começarão revisando o desempenho da ação ou das ações acordadas na última sessão, através de perguntas como:

– Como foi com o que combinamos?

– O que o ajudou a realizar o que foi pedido?

– Quais obstáculos encontrou?

– De um a dez, quanto acha que avançou?

– O que faltou?

– O que aprendeu?

– O que vai fazer de forma diferente na próxima vez?

– Trouxe você para mais perto de seu desafio?

– O que propõe fazer em nosso próximo encontro?

– Em geral, as ações propostas têm que corresponder aos objetivos SMART: ser uma conquista específica que leva a esses objetivos. Uma coisa é o ideal aonde queremos chegar (por exemplo, uma boa relação com os pais – filhos adolescentes) e outra as conquistas específicas que queremos conseguir nesta semana que nos conduzam a esse objetivo (talvez sorrir cada vez que vejo meu filho; quando se dirigir a mim, deixar tudo que estou fazendo e atendê-lo com prioridade; usar "mensagem a você" com meu filho, falar com ele amavelmente e sem responder com agressividade, e sim com firmeza, mesmo que suas reações sejam agressivas). Trata-se, portanto, de realizar passos que nos levem à meta.

Para delinear bem essas ações concretas, é preciso fazer perguntas ao acompanhado. As perguntas adequadas podem ser:
– Agora que os objetivos estão claros, qual é o primeiro passo específico a dar esta semana que aproxime você do seu objetivo?
– O que vai fazer para conseguir isso?

– Como poderá fazer isso?

– O que vai fazer para mudar isso?

– E depois?

– O que mais?

– O que precisa deixar de fazer?

– Que tarefa consegue fazer bem de hoje até a próxima sessão?

– Qual pode ser o primeiro passo?

– O que você pode mudar primeiro?

– Que dificuldades pode encontrar? O que fará para superá-las?

– Que prazo precisa para fazer isso?

– O que será indicativo de que está progredindo?

Ao revisar a ação, é o momento de:

– Dar *feedback* positivo e elogiar tudo que conseguiu, por menor que seja. É preciso perceber que, para romper um muro de contenção ou a represa de um pântano, basta uma pequena rachadura ou empurrar a primeira peça do dominó para que todas caiam.

– Obter conclusões e conhecimentos a partir do que experimentou (com ou sem êxito). Tudo é fonte de conhecimento: as conquistas, os fracassos, as resistências...

– Dar ânimo a ele e mostrar confiança (explicando, a partir de suas fortalezas, porque acreditamos sinceramente que confiamos nele e que ele conseguirá realizar suas metas.

16. Impulso, ânimo

Todo processo de acompanhamento ocorre através do *feedback* contínuo do acompanhante com respeito aos avanços do acompanhado, revelando, de modo explícito, confiança nele, o animando, o impulsionando, mostrando que sua vida vale a pena.

Para esse fim, a motivação para a ação será aprimorada e cada progresso será valorizado: promovo sua autoeficácia, mostro que vale a pena e que corresponde a seus valores:

– Confirmo e valorizo cada decisão tomada pelo acompanhado.

– Reviso com realismo os objetivos e conquistas, quais reparos ele fez e o que aprendeu. Parabenizo-o pelo que já foi alcançado. Mostro a ele como as conquistas foram boas, inclusive quando fracassou, pois todo fracasso tem pelo menos alguma coisa positiva: que você tenha tentado. Concentro-me em destacar as "vitórias parciais" e o incentivo.

– Dou apoio emocional a todo instante.

17. Deixo-o ser

Por último, o acompanhamento precisa ter um fim, precisa terminar para que a pessoa voe por conta própria. Quem acompanha precisa estar consciente de que seu caminho com o acompanhado tem um tempo determinado e que não pode ficar com ele eternamente.

Cada sessão, assim como cada processo de acompanhamento, precisa ter um encerramento. No encerramento de cada sessão, mas especialmente no encerramento do processo, é preciso refletir e aclarar o que o acompanhado aprendeu, quais mudanças foram introduzidas em sua vida e quais compromissos foram adquiridos, isto é, precisa valorizar em que sua vida mudou.

Para isso é preciso terminar perguntando:

– O que você aprendeu?

– O que você leva desse processo de acompanhamento?

– Como está se sentindo?

– Quais conquistas alcançou?

– Quais novidades incorporou à sua vida que quer manter?

– Explique quanto você avançou nessas sessões com respeito a seus objetivos.

— Em que vai mudar sua vida a partir de agora?

— Em que fui útil?

Finalmente, é hora de parabenizá-lo pelo progresso conseguido, mostrar o que você viu e enfatizar o que foi alcançado e que os caminhos se abrem para ele. Despedimo-nos, mas sempre prontos para novos encontros, caso ele queira.

Rua Dona Inácia Uchoa, 62
04110-020 – São Paulo – SP (Brasil)
Tel.: (11) 2125-3500
http://www.paulinas.com.br – editora@paulinas.com.br
Telemarketing e SAC: 0800-7010081